Quando a verdade não existe

Um caso de desconstrução cristã em tempos pós-modernos

Fahyre Loiola

Para aqueles que se perderam na escuridão da própria mente.

Para Zoe, Marlo e Lily.

Prefácio 6

Introdução 16

O que é o pós-modernismo? 24

Por que este livro? 45

Um vislumbre da minha história 53

Por que a teoria é importante? 64

O que é um mundo construído socialmente? 71

O que é a verdade construída socialmente? 74

Condicionamento social: crenças que se passam por verdade 79

Como o pós-modernismo desafia a verdade 87

O início da desconstrução 99

A infiltração de uma nova teoria 107

Da teoria à prática 114

À beira do abismo 118

A falta de sentido 132

Minha experiência com o niilismo 139

O Lobo da Estepe 148

A busca pela verdade absoluta, Parte I: Design Inteligente 159

A busca pela verdade absoluta, Parte II:
O significado do tempo 170

A busca pela verdade absoluta, Parte
III: A eternidade no coração 190

O que aprendi sobre a realidade 203

A sub-realidade 208

A realidade 211

Fé em Ação 217

Considerações finais 225

Anotações 232

Bibliografia 238

Prefácio

Tenha cuidado para não ser
condicionado pela forma como a
sociedade "pensa".

Francisco Evandro de Alencar
(meu pai)

Sou um caso de desconstrução cristã. Este livro é sobre uma jornada de desconstrução e a luta para reconstruir a fé na verdade absoluta. A experiência que descrevo aqui deixou cicatrizes e feridas abertas das quais ainda busco me curar. O pós-modernismo está no centro de minha experiência. A ideologia desse movimento me fez questionar a existência da verdade transcendente. Apresentou-me o conceito de construção social da realidade. O pós-modernismo pressupõe que a verdade é construída socialmente e que não há realidade fora de nossas interações sociais. A verdade é algo que construímos, e não algo que buscamos. Qualquer ideia pode ser verdadeira, quer você goste ou não. No pós-modernismo, as experiências sociais determinam a percepção da verdade. Ao convivermos uns com os outros em sociedade, decidimos coletivamente o que é a verdade. Não existe nenhum conceito ou definição absoluta e universal que consiga ultrapassar o nosso tempo. Tudo é relativo. Essa filosofia nega a verdade de Deus. Para a fé cristã, a verdade nunca muda e é sempre transcendente no tempo e no espaço. A verdade é Jesus, o caminho e a vida; nossa única via até Deus, o Pai (João 14:6).

Quando questionei a verdade absoluta, minha fé foi abalada. Hoje me sinto compelida a compartilhar o que aconteceu. Para defender nossa fé cristã contra ataques externos, também precisamos saber como defendê-la de nós mesmos.

Aprendi que temos uma capacidade humana inata de apagar e construir nossas próprias crenças. É como uma forma de autossabotagem. Nossa compreensão da verdade pode ser alterada. Ela pode passar gradualmente de "a verdade é universal" para "a verdade é relativa." Antes da experiência que aqui descrevo, eu julgava que algo era verdadeiro com base na minha fé cristã. Quando me deparei com o pós-modernismo, fui exposta a outra perspectiva da realidade. A verdade passou a ser vista como uma construção social. Não havia nada de absoluto. Qualquer verdade na qual eu tivesse acreditado a minha vida inteira era agora uma criação da minha mente ou um produto da sociedade. Não havia significado transcendente, verdade absoluta ou valores universais. Tudo passou a ser visto como resultado de experiências e tradições sociais. A realidade tornou-se um vácuo. Absorvi esse novo estado de espírito, deixando um vazio em minha alma, afetando a minha fé. Comecei a me perguntar se minha essência como indivíduo era construída socialmente ao invés de criada por Deus antes mesmo de eu nascer. Tornou-se difícil definir quem eu era como pessoa. Esse processo me transformou em nada.

Ao ser desconstruída, passei a avaliar momentos do dia a dia com base no contexto social, ignorando a Bíblia e contradizendo a minha visão absoluta do mundo, especialmente em relação à moralidade. Foi uma experiência que me virou de cabeça para baixo, quando fui levada a pensar que minha crença de uma vida inteira não era verdadeira. Durante a pesquisa que conduzi para este livro, deparei-me com um blog[1] no qual o autor compartilha brevemente como alguns alunos de sua classe universitária (inclusive ele próprio) reagiram depois de serem expostos por várias semanas às teorias pós-modernistas: "Muitos começaram a beber, alguns de nós tivemos colapsos mentais, e essa garota soluçando não era exatamente uma novidade." Quando se deparam com questões da existência, outros também adotam o ateísmo como saída. Sentem-se aliviados ao verem-se livres de dogmas e medos.

Da mesma forma, eu não sabia como me proteger de meus próprios ataques ao questionar a veracidade de tudo ao meu redor. Fui surpreendida e não notei que pensamentos críticos estavam se infiltrando em minha mente. Só mais tarde abri os olhos, quando as consequências da minha desconstrução já eram profundas. Naquele momento, a única coisa que eu podia fazer era tentar me reparar.

Será que é possível não se expor ao pós-modernismo? Eu diria que não. As ideias pós-modernas estão em toda parte. Vários livros foram escritos sobre o impacto do pós-modernismo na sociedade: *Teorias Cínicas (Cynical Theories)*,[2] *A Batalha pela Mente Americana (The Battle for the American Mind)*,[3] *Delusão da Diversidade (The Diversity Delusion)*,[4] e *O Mimo da Mente Americana (The Coddling of the American Mind)*.[5] Enquanto esses livros descrevem as origens da nossa atual sociedade pós-modernista, este livro foca no nível micro da experiência de um indivíduo, mais especificamente na minha história. Por meio de minha vida, mostro como as ideias pós-modernistas podem envenenar a mente de um cristão que é inadvertidamente desconstruído por essas suposições que questionam a verdade.

A natureza humana nos faz criar verdades que se encaixam em nossas necessidades e que podem nos distanciar de Deus. A lei do pecado age dentro de nós contra nosso ser interior e a nossa verdadeira identidade (Rm 7:22-23 [NVI]). O pós-modernismo diz que não há nada de errado com isso e nos capacita a questionar as nossas crenças.

Minha experiência serve como exemplo de que a construção social é real. Durante os três anos de minha pesquisa de doutorado, fui exposta às ideias do pós-modernismo em um ambiente acadêmico. Algumas teorias usadas nos ramos de planejamento urbano e estudos organizacionais mudaram minha maneira de pensar. Isso afetou a forma como eu percebia o mundo quando terminei meu doutorado em 2013. Esse processo continuou por alguns anos até que cheguei ao fundo do poço mental.

Sou abençoada pois o Senhor Jesus me despertou do meu caos pessoal e me ajudou a entender minha própria experiência. Agora me encontro em um caminho contínuo de reconstrução de mim mesma para reafirmar minha identidade cristã. O amor de Deus por mim e minha capacidade de senti-lo vivo em minha vida tiveram um papel crucial nesse processo. Outros talvez ainda estejam na fase de desconstrução ou na fase de "viver sob o feitiço da liberdade" que o pós-modernismo prega. Espero que a história aqui descrita sirva como um alerta para essas pessoas. Gostaria de ter lido um livro assim quando passei por meus momentos mais escuros. Busco compartilhar a esperança de que é possível encontrar um caminho de recuperação e volta à fé.

*****

A ausência de verdade absoluta pode ser uma descoberta libertadora para alguns quando se acham livres dos padrões impostos externamente pela sociedade. Mas essa liberdade é superficial. Não é real. Se Deus não for o autor de seus padrões, então a sociedade será. Você nunca será seu próprio mestre; mesmo se acredita ser. Infelizmente você não manda em si mesmo.

Usei o termo "desconstrução" no subtítulo deste livro porque está amplamente associado à quebra de crenças transcendentes que ultrapassam a nossa existência e o nosso tempo. São crenças eternas. A desconstrução leva ao questionamento dessas crenças e de sua validade. É provável que a palavra desconstrução seja familiar para as pessoas que buscam sair da escuridão. O filósofo francês Jacques Derrida introduziu o termo "desconstrução" na década de 1960. A teoria de

Derrida rejeita os significados geralmente aceitos de conceitos comuns. Essa teoria abraça a ambivalência em qualquer definição e elimina o significado universal, permitindo que todas as interpretações sejam verdadeiras simultaneamente, mesmo que contraditórias. O objetivo da teoria é quebrar e "desconstruir" significados amplamente aceitos dados a palavras como honestidade/desonestidade, certo/errado, ele/ela, homem/mulher, branco/negro, dentre outros. Para Derrida, algo honesto pode ser desonesto; algo certo também pode ser errado e vice-versa; e assim por diante. É exatamente isso que o pós-modernismo tenta fazer: criar ambiguidade nos conceitos. Para o título deste livro, palavras como dissolução, desintegração e colapso serviriam o mesmo propósito.

Nos últimos anos, pensei em compartilhar minha experiência com o mundo. Durante as fases da minha vida que aqui descrevo, enviei e-mails para mim mesma e escrevi muitas anotações em meus diários pessoais, e em rascunhos inacabados de artigos de periódicos. Não me sentia à vontade para falar com ninguém sobre isso. Foi uma jornada solitária. Embora o processo de desconstrução tenha começado com meu doutorado no outono de 2010, venho fazendo anotações e escrevendo ideias desde 2015, tentando entender o que estava acontecendo com os meus pensamentos. Foi em 2015 que percebi pela primeira vez que havia algo errado na forma como estava processando as informações. Minhas opiniões e visão de mundo mudaram quando passei da influência de ideias pós-modernistas para a busca de respostas sobre a verdade. Finalmente, reuni todos os meus pensamentos em um só lugar, este livro.

Minha história é apresentada aqui em ordem cronológica para ajudar a visualizar as mudanças ao longo dos anos, à medida que conto a sutil reformulação de minha identidade e minha luta para reconstruí-la. Essa é a razão pela qual escrevi minha experiência como um livro de memórias. Este livro é repleto de histórias, filosofias e reflexões pessoais, cheio de opiniões subjetivas, escrito como uma permuta entre minha vida e meus pensamentos sobre a realidade e a existência. Se um pós-modernista colocar as mãos neste livro para criticar, eu pediria a essa pessoa que reavaliasse sua intenção e considerasse suas próprias suposições filosóficas. De acordo com o sistema de crenças de um pós-modernista, não há motivos para condenar ou criticar qualquer ponto de vista contrário ao seu, pois no pós-modernismo toda opinião é justificável, mesmo que não haja evidências que a sustentem.[6] Em resumo, "vale tudo" na visão de mundo pós-modernista. A incapacidade de um pensador pós-moderno refutar meu ponto de vista (e o de qualquer outra pessoa por sua vez) é resultado de sua rejeição à verdade absoluta. Sua visão de mundo o impede de contrariar a visão dos outros.

Estou confiante de que Deus permitiu que eu fosse exposta a essas teorias em um contexto secular para que eu pudesse entender suas implicações, explorá-las de um ponto de vista cristão, e conscientizar o leitor sobre como ideias relativistas podem afetar a identidade de uma pessoa, especialmente a de um cristão. Busco aqui compartilhar que o fator central na reconstrução da minha fé cristã foi a adoção intencional de uma visão de mundo que aceita a natureza onisciente, onipotente e onipresente de Deus (em vez de rejeitá-la).

CAPÍTULO 1

Introdução

Eles introduzirão secretamente heresias
destruidoras, chegando a negar o Soberano que
os resgatou – trazendo sobre si uma repentina
destruição.

2 Pedro 2:1 (NVI)

Você já questionou a verdade? Já
questionou se tem uma identidade?
Já pensou "Não sei quem eu sou," ou "Me perdi
de mim mesmo?" Neste livro, usando minha
própria vida como exemplo, eu descrevo a lenta
e progressiva desconstrução do eu e a luta para
reconstruir a identidade. Compartilho aqui
pensamentos repetitivos e intrusivos que
podem desafiar a crença na verdade absoluta.

São pensamentos que questionaram a minha crença na realidade criada por Deus. Essa realidade existe independentemente de nós mesmos, de nossas opiniões, de nossas "verdades". Esses pensamentos atormentadores surgiram com frequência assombrando-me enquanto eu tentava me defender da minha própria mente. Não havia para onde fugir. Foi uma experiência sombria e solitária. Meu próprio inimigo estava na minha cabeça. Minha primeira defesa foi reconhecer essa batalha interna.

Se você não acredita em conceitos transcendentes, se não é cristão ou ainda não tem certeza em que acreditar, este livro lhe dará uma nova perspectiva. Poderá também despertar seu guerreiro interior se estiver procurando um alvo para atacar. Há um sistema de crenças que apresenta o mundo como um lugar em que a verdade é construída socialmente, que nega a existência de uma verdade absoluta fora das interações sociais. Essa visão de mundo é o pós-modernismo, e este livro se concentra no conceito pós-moderno de construção social, que é a maneira pós-modernista de dar sentido ao mundo. O pós-modernismo questiona qualquer noção transcendental e eterna da realidade. No pós-modernismo, a verdade está nos "olhos de quem vê" e "a realidade é o que você faz dela." A verdade é uma questão de perspectiva e um resultado de experiências sociais. Indivíduos têm a liberdade de construir socialmente sua própria essência e qualquer verdade em que queiram acreditar. A palavra liberdade aqui é chave pois o pós-modernismo usa a ideia de liberdade para atrair quando na verdade é uma ameaça que destrói. No movimento pós-moderno, a verdade é um produto do contexto e das interações sociais. A moral é relativa. Tudo pode ser verdadeiro. Tudo pode ser correto. A sociedade decide o que é a verdade.

A construção social cria uma visão enganosa da realidade. A verdade torna-se resultado de uma relação dialética de mão dupla entre a sociedade e os indivíduos. À medida que os indivíduos interagem uns com os outros em suas relações sociais, eles desenvolvem opiniões e percepções e criam coletivamente os significados. Essas ideias se tornam pensamentos compartilhados. Quando atingem o nível da sociedade, elas se disfarçam como uma verdade abrangente e podem até mesmo substituir a verdade de Deus no âmbito da sociedade. Mas são apenas conceitos criados pelo homem, verdades coletivas. A sociedade é enganada e passa a acreditar que essas novas ideias são a verdade real. Esse é um ciclo sem fim, pois novas verdades são criadas periodicamente. O pós-modernismo entende o mundo como um lugar em que Deus não é a fonte de significado, mas sim a sociedade, o que contradiz a fé cristã. Para os cristãos, a verdade de Deus é transcendente e não depende das condições sociais. A verdade não é criada pelo homem ou pela sociedade. O pós-modernismo está no centro do processo de desconstrução que vivenciei, e fui profundamente afetada por ele.

Em 2 Coríntios, Paulo nos adverte contra um estado de espírito que ele chama de "fortalezas". Essas fortalezas são esquemas que vão contra o conhecimento de Deus. Ele diz que Deus nos dá poder para vencê-las: "As armas com as quais lutamos não são humanas; pelo contrário, são poderosas em Deus para destruir fortalezas. Destruímos argumentos e toda pretensão que se levanta contra o conhecimento de Deus, e levamos cativo todo pensamento para torná-lo obediente a Cristo" (2 Co. 10:4-5 [NVI]). Na tradução da Bíblia *Almeida Revista e Atualizada (ARA)*, essas "fortalezas" são chamadas de *"sofismas,"* que é um argumento ou pensamento com a intenção deliberada de enganar. As ideias pós-modernistas são um tipo de sofisma.

O termo "sofisma" vem da palavra grega "sofistas" ou mestres sábios. Sua origem remonta aos séculos IV e V a.C. (antes de Cristo). Esses mestres eram homens respeitados em Atenas, Grécia. Eram hábeis oradores públicos que se destacavam na arte da retórica. Venciam concursos de debate e cobravam muito dinheiro para instruir os jovens da época sobre como vencer argumentos desafiando os valores tradicionais. O objetivo era liberar os jovens de qualquer responsabilidade moral.[7] No *Theaetetus*, o livro de Platão sobre conhecimento, vemos semelhanças entre as estratégias usadas pelos sofistas e a abordagem relativista da verdade que o pós-modernismo trouxe para o século 20. Em seus escritos, Platão menciona um importante sofista grego do século V a.C., Protágoras. Protágoras (481-411 a.C.) afirmava que "o homem é a medida de todas as coisas," ou seja, a subjetividade humana é o padrão. Ele acreditava ser capaz de fazer com que uma simples opinião fosse aceita por todos.[8] Protágoras afirmava não existir verdade absoluta, mas apenas conhecimentos relativos e, portanto, muitas "verdades." Ele usava do relativismo para fazer com que todo e qualquer argumento fosse superior.

Os sofistas, como Protágoras, destruíram valores e tradições, mas não conseguiram substituí-los por novos significados capazes de sustentar a coesão moral e cívica em Atenas. Eles deixaram um vazio moral na sociedade ateniense. Assim como o pós-modernismo do século 20, os sofistas negavam a verdade absoluta. Eles aniquilaram os padrões universais de julgamento entre o certo e o errado. Protágoras e outros sofistas insistiram tanto nessa retórica que ela se tornou um pensamento compartilhado em Atenas. Tornou-se uma nova verdade socialmente construída. Eles conseguiram inverter os valores e convencer os atenienses de que o ruim era bom e a injustiça era justiça, e vice-versa. Eles destruíram as tradições com o objetivo de vencer debates e obter reconhecimento. O relativismo dos sofistas afirmava que não existia bem ou mal inerente. A sociedade era responsável por determinar o que era moral e imoral. Temas como roubo, adultério ou assassinato – tradicionalmente errados e imorais – tornaram-se relativos e dependentes da percepção. Essa forma relativa de ver o mundo, como os sofistas sugeriam, elimina a necessidade de uma base para guiar ações. Não há padrões ou parâmetros de julgamento. Não se encontra nada e tudo ao mesmo tempo. Todas as ações, sejam elas boas ou ruins, são moralmente aceitáveis. De acordo com o comentário atribuído ao filósofo grego Sócrates (470/469-399 a.C.), o sofisma era uma tentativa de manipulação da alma (*psychē*) (p. 27).[9] Ao eliminar padrões de julgamento, as pessoas tornam-se influenciáveis, pois as bases próprias desaparecem.

A doutrina do relativismo de Protágoras, antigo precursor do pensamento pós-moderno, é contestada como auto-refutável e inválida, na qual a conclusão nega as próprias premissas. Se alguém argumenta que não há verdade absoluta, baseando-se na premissa de que o relativismo deve ser a única afirmação verdadeira, então a contradição é evidente. O relativismo não pode ser a única verdade se não houver verdade absoluta.

Voltando ao apóstolo Paulo, nos anos após Jesus Cristo, quando Paulo visitou a cidade grega de Corinto por volta de 50 d.C., ele provavelmente reconheceu a influência sofista remanescente entre a população da cidade e sua comunidade cristã. Paulo os alertou na Segunda Carta aos Coríntios sobre a natureza enganosa dos argumentos sofistas. O sofisma, com seu relativismo moral e renúncia à verdade absoluta, nega a natureza de Deus, a fonte de todo o conhecimento. O pós-modernismo faz o mesmo. É um sofisma disfarçado.

CAPÍTULO 2

O que é o pós-modernismo?

Conheço as suas obras, sei que você
não é frio nem quente. Melhor seria
que você fosse frio ou quente! Assim,
porque você é morno, nem frio nem
quente, estou a ponto de vomitá-lo
da minha boca.

Apocalipse 3:15-16 (NVI)

O pós-modernismo é um fenômeno social, cultural e político com origens contemporâneas na década de 1960. É um movimento que defende o relativismo dos significados e da verdade para se opor à opressão embutida na certeza do pensamento. É baseado no ceticismo e subjetivismo. Floresceu com outros movimentos políticos e culturais dos anos 60 em prol da paz e da liberalização política e de ideias. O pós-modernismo desafiou o modernismo ocidental enraizado no Iluminismo do século 18, a era da razão. Esperava-se que a visão modernista racional e objetiva, baseada na estabilidade e no controle, melhorasse a vida da humanidade. Nos anos 60, percebeu-se que políticas modernistas ignoravam os valores e as opiniões da sociedade. As políticas racionais eram vistas como estruturalmente impostas por líderes mundiais e tecnocratas com o objetivo de promover os interesses das classes privilegiadas.

O fracasso do pensamento moderno ocidental em evitar duas guerras mundiais, a Guerra da Coréia e a Guerra do Vietnã, bem como a crise financeira dos anos 70 com suas implicações mundiais, abriram caminho para um ceticismo crescente em relação às filosofias ocidentais dominantes. A Nova Esquerda dos anos 60, formada principalmente por estudantes universitários da Europa e da América do Norte, rompeu radicalmente com o pensamento modernista predominante e abraçou a polarização ideológica na luta por igualdade e justiça social. A Nova Esquerda se juntou ao movimento pelos direitos civis e pelos direitos das mulheres e aos grupos ambientalistas, trazendo avanços cruciais na liberalização e na mudança social. O ponto de vista intelectual moderno, baseado na razão, lógica, objetividade e verdade absoluta, perdeu sua validade inquestionável. Entre as décadas de 60 e 80, enquanto a confiança na razão passou a ser associada à opressão e ao domínio imperialista ocidental, o movimento pós-modernista fez campanha por políticas progressistas. Havia um clamor generalizado por uma forma de pensar abrangente que desse voz a todos e, ao mesmo tempo, aceitasse todas as vozes tradicionalmente oprimidas como igualmente válidas. Foi aqui também que a ideia de verdade absoluta começou a perder sua validade inquestionável.

Concordo que o pensamento pós-modernista trouxe muitos avanços na área da inclusão social e validade da opinião de grupos oprimidos e não reconhecidos. Como explicarei mais adiante, apesar de reconhecer a importância desses avanços, abordo o tema de forma pessoal neste livro, e coloco a ideologia pós-moderna dentro do contexto da minha experiência. Mesmo que desde os anos 60 o pós-modernismo tenha aberto caminho para várias formas de pensar, também crucificou a certeza. Se esse movimento fosse realmente adepto da liberdade de pensamento, eu deveria me sentir livre não somente para questionar, mas também para ter certeza do que penso. No entanto, o pós-modernismo prega algo diferente. Foi essa liberação de pensamento trazida pelo pós-modernismo que causou uma perturbação no meu ser. Ao abrir caminho para a relativização do pensamento como a única forma aceitável de pensar, o pós-modernismo causou a estigmatização negativa da crença na verdade absoluta. Essa infiltração de valores relativistas em minha vida foi prejudicial e de fato reduziu a minha liberdade de pensamento (ou seja, resultou no oposto do que diz a teoria pós-modernista). No entanto, ao longo prazo, essa experiência serviu para que eu refletisse ainda mais sobre as minhas certezas. Após questioná-las, tenho-as por ainda mais sólidas.

O pós-modernismo floresceu na década de 60 na cultura popular, na literatura e na música (lembre-se de Woodstock). Criticou a abordagem moderna da elaboração de políticas e das decisões gerenciais baseadas em equações matemáticas, econometria, simulações e observação de dados. Foi um movimento de criatividade e aceitação. Para os pós-modernistas, modelos racionais e lógicos eram inadequados para dar sentido a uma sociedade tão complexa e imprevisível. O argumento contra o modernismo também enfatizava os vieses dos analistas, descreditando quaisquer alegações sobre a universalidade e neutralidade de opiniões. Para o pós-modernismo, ninguém seria capaz de ter certeza absoluta. Essa nova forma de pensar exigia a análise de políticas e a tomada de decisões com base em interpretações que impedissem a tendência inevitável do favorecimento de alguns grupos em detrimento de outros. Os pós-modernistas queriam o fim da tomada de decisão hierárquica. Eles defendiam uma abordagem progressiva que reconhecesse a existência de preconceitos e, portanto, levasse em conta uma ampla gama de perspectivas para chegar a decisões consensuais.

Desde a década de 60, o pós-modernismo se tornou uma escola de pensamento influente. Os filósofos pós-modernistas mais reconhecidos são Jacques Derrida (1930-2004), com a teoria da desconstrução; Michael Foucault (1926-1984), com teorias sobre discurso e poder; Richard Rorty (1931-2007), com seu pragmatismo radical e crença em verdades práticas; e Jean-François Lyotard (1924 -1998), que estabeleceu a "incredulidade em relação às metanarrativas" em seu livro de 1979, *A Condição Pós-Moderna (The Postmodern Condition: A Report on Knowledge)*.[10] Tais pensadores se opuseram às ideias de verdade absoluta e significado transcendente.

A voz dos oprimidos e marginalizados se legitimou com o pós-modernismo ao desafiar conceitos previamente aceitos e promover uma nova maneira de ver o mundo. O movimento abriu caminho para a redefinição dos significados de gênero, classe e sexualidade. Aumentou a conscientização sobre temas como justiça social, diversidade e equidade. A publicação do livro *Construção Social da Realidade (The Social Construction of Reality)*[11] em 1966 introduziu essa forma de pensar na sociologia americana. Os autores Peter Berger e Thomas Luckmann apresentam o conhecimento como uma ideologia em vez de uma verdade objetiva. Na parte final do século 20, teóricos sociais como Zygmunt Bauman em *Modernidade Líquida (Liquid Modernity)*[12] (1999) e Anthony Giddens com a teoria da estruturação[13] também escreveram sobre a construção social da realidade. Embora nenhum deles tenha aderido oficialmente ao pós-modernismo, reconheceram as mudanças na modernidade em direção a uma visão de mundo mais fluida, autorreflexiva, dialética e bidirecional. Zygmunt Bauman fez parte da vanguarda da sociologia britânica pós-moderna desde a década de 1970. Ele introduziu um mundo no qual as pessoas criam significados a partir de experiências pessoais com o deslocamento da racionalidade e dos absolutos morais da modernidade, ou seja, um mundo construído socialmente. Quanto a Anthony Giddens, sua teoria apresentada em *A Constituição da Sociedade (The Constitution of Society)*[13] influenciou minha dissertação de doutorado. Minha tese inclui várias referências a sua teoria da estruturação e à ideia da construção social do mundo, na qual as pessoas e a estrutura social criam-se numa relação de mão dupla por meio de interações sociais.

Uma abordagem de pesquisa baseada em ideias pós-modernas trata de questões que buscam entender a complexidade do mundo de forma contextualizada e desconstrutiva. Por contextualizada, refiro-me a uma análise específica de um determinado tempo e espaço (ou seja, família, organização, cidade, sociedade, país, etc.). Aqui a verdade só pertence ao contexto específico e não a todos em qualquer situação. Por desconstrutiva, refiro-me a um dos principais objetivos do pós-modernismo, o de expor preconceitos e pressuposições implícitas e decompô-los para elevar ideias de grupos marginalizados ao mesmo nível dos dominantes. O objetivo é promover a igualdade no pensamento e na ação. O pós-modernismo não tenta encontrar causas que possam se tornar uma explicação generalizada para um problema social. Concentra-se em motivos contingentes, particular de um tempo e espaço. Não há generalizações ou verdades que extrapolam o contexto do hoje e do agora. Toda análise deve ser colocada no contexto e é impossível fazer generalizações. Qualquer verdade que a análise revele é pertinente apenas a esse contexto e não são permitidas alegações de verdade universal. Nunca há uma solução abrangente para um problema ou uma só maneira de ver uma situação. Não há verdade transcendente. Para o pós-modernismo, as alegações de verdade universal impedem que as diferenças se conciliem porque somente um lado pode estar certo.

O pós-modernismo também argumenta que diferenças irreconciliáveis são um obstáculo à formação de consenso, algo essencial para a criação de instituições "não opressivas" e amplamente aceitas para orientar o pensamento e o comportamento social. Os estudos pós-modernistas produzem longas narrativas e amplas descrições focando geralmente em um evento específico. Tentam dar conta de todas as interpretações possíveis naquele contexto, bem como buscam analisar e desvendar eventos não observáveis e expor preconceitos e suposições implícitas que podem gerar problemas. Por outro lado, as abordagens do movimento oposto, o modernismo, dependem de métodos quantitativos, evidências empíricas, medições, observações, estatísticas e testes, que – para o pós-modernismo – não podem ser usados para entender a complexidade do mundo pós-moderno, repleto de relações sociais emaranhadas e formas contraditórias de pensar.

As estruturas modernistas – com base na razão e lógica - buscam evidências e dados empíricos para fazer deduções, e encontrar causas e correlações. Ao encontrar relações causais, o objetivo é fornecer respostas universais e ferramentas para evitar problemas semelhantes no futuro ou desenvolver soluções para questões comparáveis. O modernismo está ligado a palavras como lógica, neutralidade, raciocínio sistemático, objetividade e pensamento racional, enquanto o pós-modernismo está fundamentado em subjetivismo, relativismo, opiniões, narrativas, contingência e particularidades.[14] Em uma época de relações sociais complexas e emaranhadas, a estrutura modernista e a verdade absoluta perderam a credibilidade como formas de entender o mundo. O pensamento relativista ganha a cada dia mais espaço na sociedade.

A onda pós-modernista das décadas de 60 a 80 introduziu teorias que expõem vieses e preconceitos, denunciando certezas de significado e verdades absolutas. Desde a segunda metade do século 21, teorias críticas censuram ideias que se assemelham a verdades transcendentes ou valores universais. Essas teorias críticas pressupõem que se um ponto de vista afirma ser universalmente verdadeiro, carrega consigo preconceitos opressivos e deve ser criticamente desmascarado. O uso do argumento "politicamente correto" como padrão de análise crítica é uma estratégia bem conhecida para expor alegações de verdade absoluta. De forma geral, o termo politicamente correto evita linguagem e ações que possam ser ofensivas a outras pessoas. É uma regra de comportamento compartilhada, uma norma institucional que influencia a vida social e a forma como as pessoas tomam decisões. Aqueles que apoiam a expressão "politicamente correto" afirmam que o conceito minimiza ofensas e proporciona a vida harmoniosa e o respeito ao próximo na sociedade. Para alcançar uma forma de vida politicamente correta, as pessoas devem negar quaisquer crenças intrínsecas e pessoais em prol do bem comum. Ser "politicamente correto" é tido como um conceito que temos que acatar pois é a "coisa certa a fazer." É um pensamento coletivo. Espera-se que você aceite todas as afirmações como verdadeiras, ou será estigmatizado como intransigente insensível. Somos incentivados a seguir normas porque a sociedade recompensa quem as segue e pune quem as infringe.

Não é suficiente entender que pessoas têm pontos de vista diferentes. É preciso aceitar e defender que a perspectiva da outra pessoa também é verdadeira, em pé de igualdade com a sua própria verdade; caso contrário, corre o risco de pensar que é superior ao outros e será julgado como um opressor. Uma pessoa sensata jamais deveria opor-se à norma social que recompensa quem é politicamente correto.

Recentemente, li um artigo[15] sobre a ideia de ser "politicamente correto" que expunha ideias pós-modernistas no local de trabalho do século 21. O título dizia: "10 frases comuns que fazem você parecer passivo-agressivo no local de trabalho." As frases denunciadas incluíam, entre outras, "obrigado antecipadamente" e "de acordo com nossa última conversa." Hoje não devemos usar tais frases no trabalho pois seriam consideradas passivo-agressivas. Confesso que uso tais frases e não entendo a ofensa implícita nas mesmas. Vivemos sobressaltados e muitas vezes com medo de expressar nossos verdadeiros pensamentos. Espero que vejam como o relativismo é opressor quando nos impede de expressar o que pensamos, principalmente se nossa crença é a verdade absoluta.

A visão de mundo pós-modernista encontrou seu palco no século 21 com a diversidade cultural, o pluralismo, a igualdade e a justiça social. Nas universidades e escolas, os alunos aprendem diferentes culturas, valores e sistemas de crenças, sendo esta uma maneira importante de expandir o conhecimento e a conscientização. No entanto, os alunos não estão apenas aprendendo sobre as diferenças, mas também sendo ensinados que a única maneira adequada de ver o mundo é aceitar que todas essas diferenças são simultaneamente verdadeiras. A conscientização das diferenças não é suficiente. Os alunos são ensinados a incorporar a desconstrução e aprender a eliminar noções pessoais que poderiam impedi-los de aceitar um valor diferente como sendo verdadeiro. Presume-se que qualquer crença que os alunos tinham antes dessas interações sociais está repleta de preconceitos e vieses incorporados e deve ser removida para a melhoria da vida social comum. A aceitação é mais importante do que a individualidade e do que o pensamento próprio. A coletividade é mais importante do que o indivíduo. Não se trata de quem você é como pessoa, mas sim que você pertence à sociedade e esta é maior do que você. A falta de padrões claros de comportamento tem um impacto negativo sobre os jovens adultos.

No livro de 2011 *Perdido na transição: o lado sombrio da idade adulta emergente* (*Lost in Transition*),[16] o autor Christian Smith discute os efeitos do pós-modernismo e detalha as características do jovem adulto pós-moderno. O livro baseia-se em 230 entrevistas coletadas em 2008 com a geração do milênio de 18 a 23 anos nos Estados Unidos. Smith e seus colaboradores iniciaram o estudo em 2001, quando os jovens da amostra tinham de 13 a 17 anos de idade. Eles os acompanharam ao longo dos anos, realizando centenas de entrevistas entre 2005 e 2008. Também coletaram uma amostra de 3,000 respostas de pesquisas com a mesma faixa etária em nível nacional nos Estados Unidos. Em

Perdido na transição (Lost in Transition), os autores explicam como os adultos emergentes não conseguiam argumentar temas relacionados à moral do certo e errado. Eles se recusavam a criticar opiniões ou até mesmo a defender seus próprios pontos de vista morais. Expressavam um interesse no consumismo material, liberação sexual e consumo excessivo de álcool. Identificou-se que o alto índice de consumo de bebidas alcoólicas estava ligado a relacionamentos desfeitos e à incapacidade de lidar com o tédio e a falta de sentido na vida. Os jovens adultos também expressaram apatia em relação ao engajamento cívico e político na sociedade. O livro mostra como a falta de posicionamento em relação a valores próprios leva a uma crise de identidade. Como a sociedade rechaça a escolha e incentiva a aceitação simultânea de todas as formas de pensar, indivíduos tornam-se confusos e sem personalidade clara. O autor Christian Smith explica em uma entrevista à revista *Christianity Today*:

"Quando não há autoridade na religião ou na política, os homens logo se assustam com a independência sem limites com a qual se deparam. Eles ficam preocupados e desgastados pela constante inquietação de tudo". Essa foi uma observação de Alexis de Tocqueville sobre os americanos do século 19 e seus instintos incipientes de liberdade e religião. Mas ele poderia muito bem estar descrevendo os jovens adultos de hoje. Em uma nova fase da vida que o sociólogo Jeffrey Jensen Arnett chamou de idade *adulta emergente*, os americanos de 18 a 29 anos têm mais opções de trabalho, casamento e local de moradia do que talvez qualquer geração anterior. Eles também são um dos grupos etários mais focados em si mesmos, confusos e ansiosos, levados a uma "adultolescência" que impede a maioria de se comprometer com pessoas e instituições (*tradução minha*). [17]

No nível social, o resultado da vida onde tudo é verdadeiro e permitido são identidades mutáveis que se formam com o contexto. Surgem também culturas instantâneas e novas formas de interpretar fatos históricos. No mundo tecnológico do século 21, as ideias recém-criadas são adotadas de forma coletiva quase que instantaneamente, formando novos pensamentos compartilhados e deixando qualquer vestígio de verdade universal em segundo plano. Novas "verdades" socialmente construídas substituem tradicionais formas de pensar e se tornam amplamente aceitas. À medida que essas ideias se espalham, indivíduos que antes divergiam passam a concordar com novos valores compartilhados, formando o que o sociólogo francês Émile Durkheim (1858-1917) chamou de consciência coletiva. Esse nível compartilhado de consciência também é conhecido como *ethos*, palavra grega que significa "costume". O Dicionário Webster define *ethos* como "o caráter distintivo, o sentimento, a natureza moral ou as crenças orientadoras de uma pessoa, grupo ou instituição." O *ethos* é uma crença coletiva incorporada à cultura e pode existir em um núcleo pequeno (uma família ou o local de trabalho), ou numa comunidade ou nação.

A chave para entender o pós-modernismo é reconhecer como suas pressuposições de relativismo chegam ao nível do *ethos*. O mundo pós-moderno é percebido como uma rede de pluralidade e de narrativas mutuamente válidas que se reconciliam no *ethos*. É assim que o pós-modernismo estabelece um consenso e silencia as diferenças, mesmo quando prega a aceitação. Seguem dois aspectos principais do pós-modernismo que devemos lembrar: (i) a negação completa da verdade absoluta; e (ii) a construção social da realidade, dos significados e da verdade por meio do consenso no *ethos*.

A construção de novos valores compartilhados com base em princípios que veem validade em todas as verdades depende de um nível de consenso capaz de elevar as ideias à consciência coletiva (*ethos*). Esse é um processo gradual. Começa com um indivíduo de cada vez, até que vários grupos "aceitam" a nova ideia, chegando ao nível da sociedade inteira. Por exemplo, o consenso social sobre a aceitação do relativismo como forma predominante de pensar nasce quando vários indivíduos concordam que todas as verdades são válidas e reijeitam outras teorias que sustentam a verdade absoluta ou a individualidade de escolha. O consenso é a resolução de desacordos. Para vivermos em harmonia na sociedade, somos ensinados que nossas diferentes formas de pensar devem ser reconciliadas e unidas (devemos ser politicamente corretos). Para os pós-modernistas, quando as pessoas entram em conflito por causa de seus diferentes pontos de vista e acreditam que seu próprio ponto de vista é a única verdade, a criação de um consenso é a solução para superar essas diferenças. Os grupos são ensinados a deixar suas diferenças de lado e encontrar um ponto em comum. Ao aceitar qualquer afirmação como verdadeira e todas as ideias como simultaneamente certas e erradas, as divergências são minimizadas e o consenso é mais fácil de ser construído. "Sua verdade é verdadeira, desde que não afirme que minha verdade não é verdadeira." Esse é o objetivo da construção do consenso no século 21: uma descrença compartilhada na verdade absoluta e um entendimento coletivo da realidade como uma construção social.

Para que se chegue a um consenso em relação a um novo pensamento, qualquer crença rígida, que não possa ser moldada, deve desaparecer. É nesse ponto que o pós-modernismo desafia a fé cristã e a crença na verdade de Deus como universal, eterna, imutável e absoluta. Primeiramente, o pós-modernismo busca expor as crenças existentes. Em seguida, as teorias críticas decompõem tais crenças com o objetivo de anular a credibilidade, muitas vezes denunciando-as como pensamentos de opressão. Os autores de *Batalha pela Mente Americana (Battle for the American Mind)*[18] dizem: "A teoria crítica responde a uma pergunta simples: se Deus não existe, como viveremos em sociedade?" Se entendermos Deus como o autor da verdade e depois imaginarmos um mundo sem Deus, espera-se que nesse mundo criemos nossa própria versão da verdade para substituir a de Deus. Os autores explicam que uma sociedade divina é baseada em uma hierarquia vertical para garantir a ordem. Isso também implica uma hierarquia nos conceitos e, portanto, na verdade. Há apenas uma verdade acima de todas as outras "verdades" que aceitamos diariamente, sendo essa a verdade de Deus. Na teoria crítica, entretanto, a ausência de Deus significa ausência de hierarquia ou ordem.

Nenhuma verdade tem um valor mais alto; todas as "verdades" são igualmente válidas. Um dos principais alvos de condenação do pós-modernismo e das teorias críticas é a crença em Deus e em qualquer fé baseada num poder superior que tenha criado a realidade que precede a existência. Esse é o caso da fé cristã. A cultura do pós-modernismo expõe todos à desconstrução, principalmente os cristãos.

CAPÍTULO 3

Por que este livro?

Estejam sempre preparados para
responder a qualquer que lhes pedir
a razão da esperança que há em
vocês.

1 Pedro 3:15 (NVI)

Como uma cristã influenciada pela ideologia do pós-modernismo, questionei a veracidade da minha fé. Quando outros cristãos se familiarizarem com a minha experiência, talvez reconheçam semelhanças na sua vida e pensamentos. Meu objetivo é expandir a conscientização sobre o pós-modernismo como uma teoria de ceticismo embutida no nosso dia a dia. Essa forma de pensar leva uma pessoa a questionar o seu sistema de crenças, especialmente a crença na verdade absoluta de Deus. Também espero gerar esperança de que é possível se recuperar da influência do pós-modernismo e encontrar o caminho de volta a sua identidade. Neste livro, uso minha experiência para mostrar como ideias pós-modernistas podem desconstruir a identidade de uma pessoa, removendo a crença na verdade.

Depois da luta contra a influência do pós-modernismo, entendo como as pessoas criam suas próprias "versões da verdade." Em um processo de desconstrução, você justifica um comportamento quando no fundo sabe que não está de acordo com o seu verdadeiro eu. Você percebe que não se sente como você mesmo, mas cede e aceita os novos pensamentos porque é o "certo" aos olhos da sociedade. Você tenta silenciar a sua voz interior que grita tentando relembrá-lo das suas crenças. Mas você ignora até a voz tornar-se inaudível. Os cristãos acreditam que essa voz interior é o Espírito de Deus, o Espírito Santo. Um simples exemplo é quando, para não ser ofensivo você substitui

"Feliz Natal" por "Boas Festas" em um cartão ou escreve "Bênçãos" em vez de "Deus o abençoe" na saudação de e-mail. Se você já fez isso reconheça que foi condicionado pela ideologia do "ser politicamente correto" que habita no centro do pós-modernismo.

Na nossa realidade socialmente construída, criamos e vivemos de acordo com regras que justificam decisões, reduzem a culpa e minimizam o autojulgamento. Fazemos isso conscientemente, escolhendo a maneira como vivemos. Também fazemos isso por meio do subconsciente, aderindo gradualmente às regras da sociedade por meio do condicionamento. Há ainda um terceiro cenário: o "limbo" mental. Isso acontece quando questionamos as crenças tradicionais, mas ainda assim nos recusamos a aderir às novas regras da sociedade. Esse é um lugar perigoso de estar, pois não existe fonte de verdade e padrões. É um lugar de vazio pois ao mesmo tempo que questionamos nossas verdades do passado não sentimos que as crenças da sociedade são corretas. Foi isso que aconteceu comigo. Ao questionar tudo, fiquei sem nada. Não tinha mais a verdade absoluta nem conceitos socialmente construídos para viver. Logo após minha doutrinação pós-moderna, um profundo sentimento de vazio me levou a avaliar meus pensamentos. Percebi que não tinha identidade. Se você é um crente fiel, um crente em Deus, um seguidor de Jesus, o pós-modernismo pode remover sua identidade cristã.

No século 21, os ensinamentos pós-modernistas invadem seus pensamentos de forma tão natural e gradual que você nem percebe. É por isso que a vigilância é essencial. Durante minha pesquisa de doutorado, fui exposta a essa teoria por três anos, 12 horas por dia, sete dias por semana. Ela gradualmente desconstruiu minha identidade e silenciou minha crença na verdade absoluta e em padrões morais transcendentes. As suposições subjacentes do pós-modernismo tomaram conta da minha mente de forma sutil. Levei anos em uma luta interna constante para reconstruir minha identidade como cristã. Somente quando me lembrei do amor de Deus é que minha fé voltou a crescer e meus olhos se abriram para a Sua verdade. Encontrei meu caminho de volta e compreendi que não sou simplesmente um produto de construções sociais.

Minha história se baseia em memórias, pesquisas durante e após o doutorado, anotações pessoais e registros em diários. Depois de apresentar uma visão geral da minha experiência com o pós-modernismo e de como essas ideias me conquistaram, mostro como o pós-modernismo diz que o mundo funciona. Compartilho minha experiência com a desconstrução e descrevo como uma nova forma de pensar se tornou meu estado de espírito. Entenda que a forma com que descrevo minha experiencia é uma mistura de abstração com fatos e filosofia.

O meu processo de desconstrução aconteceu de forma natural e gradual e não foi motivado por uma intenção consciente de interpretar as situações cotidianas de uma forma diferente. Deixei de ser muito lógica, buscando soluções racionais para problemas, e passei a acreditar que não há verdade fora das experiências sociais. Fui de modernista à pós-modernista. São visões totalmente opostas. Comecei a ver o mundo com uma mentalidade relativista, não apenas na universidade durante a pesquisa, mas também na vida pessoal. O processo de desconstrução me ensinou a questionar tudo. Felizmente, a experiência teve um ponto de virada. Sobrevivi ao vazio e à falta de sentido. Compartilho minha luta para encontrar a verdade novamente. Detalho como saí do "transe" traumático de estar sob a influência do pós-modernismo. Atribuo a vitória a minha formação cristã. A verdade que me foi revelada na infância me libertou (João 8:31-32). Não foi uma verdade qualquer, mas a Verdade. A crença intencional em Deus é a solução. O amor de Deus nunca falha. Desde então, encontrar minha identidade original e recuperar minha essência tornou-se uma luta constante contra mim mesma e meus pensamentos.

No auge da minha experiência, desejei remover os pensamentos que entravam na minha mente. Eu me sentia como uma estranha dentro de mim. Era como um desconhecido que se recusava a ir embora. Foi uma sensação terrível não ter controle sobre os meus pensamentos quando o meu espírito revelava a Verdade. Eu sabia que os pensamentos não pertenciam ao meu eu cristão. A minha nova versão socialmente (des)construída persistia. Como os pensamentos questionavam a verdade absoluta, ameaçavam o alicerce da minha fé e minha certeza da vida eterna em Cristo. Me senti uma traidora. Como eu não cedia à nova ideologia infiltrada na minha mente, vivi uma luta interna. Minha verdadeira identidade cristã estava sempre presente, lutando a meu favor. Deus estava lutando por mim. Eu sentia Seu amor e sempre me lembrava: "Já não sou eu quem vive, mas Cristo vive em mim" (Gl 2:20 [NVI]).

Hoje tenho a sensibilidade de reconhecer quando ideias pós-modernistas aparecem e se camuflam como pensamentos próprios. Como tenho essa consciência, posso identificá-las e recusar a aceitar. Quando tais pensamentos se insinuam, eu os reconheço imediatamente e os combato com oração e mais confiança na fonte de todo o significado universal e eterno, a Palavra de Deus. A Bíblia me lembra que Jesus é a verdade absoluta, independente de mim e minhas experiências. Temos acesso ao conhecimento de Deus e à verdade eterna por meio da Palavra de Deus e do Espírito Santo que vive em nós. É difícil contar minha história, pois me leva de volta a sentimentos difíceis e pensamentos sombrios. Espero que minha jornada exponha os perigos do pós-modernismo.

CAPÍTULO 4

Um vislumbre da minha história

Pois virá o tempo em que não suportarão a sã doutrina; pelo contrário, sentindo coceira nos ouvidos, segundo os seus próprios desejos juntarão mestres para si mesmos. Eles se recusarão a dar ouvidos à verdade, voltando-se para os mitos.

2 Timóteo 4:3-4 (NVI)

Em maio de 2014, o noticiário da televisão no Brasil anunciou a morte de um motorista de ônibus em Fortaleza, Ceará. Um adolescente de 13 anos usou uma faca para matar o motorista em um assalto à mão armada. A polícia localizou o adolescente por meio de informações fornecidas por sua família. De acordo com a mãe, ele vivia na rua e usava drogas. Havia ido a sua casa naquela noite para uma refeição e confessou a ela que havia participado de um assalto. Quando ouvi a notícia, estava descansando em casa depois do jantar com minha família. Havia retornado a Fortaleza fazia cinco meses. Fortaleza é onde cresci, no Nordeste do Brasil. Retornei depois de concluir minha tese de doutorado em dezembro de 2013 na Inglaterra. A maneira como processei a notícia do assalto seguido de morte na época foi uma evidência da minha sutil doutrinação pós-modernista. Remonto a esse momento o primeiro sinal de que o pós-modernismo havia se infiltrado na minha mente. Alguns anos depois, fiz uma reflexão sobre minha reação à notícia e descobri que a minha essência havia mudado durante a pesquisa. Minha compreensão de como o mundo funcionava e minhas definições de certo e errado haviam se transformado em algo que eu não reconhecia.

Quando ouvi pela primeira vez que um adolescente havia cometido esse crime, racionalizei o fato por meio de uma moralização seletiva. Era a prova de um problema muito maior dentro de min. Isso revelou uma mudança perturbadora em meu sistema de crenças. A moralização seletiva acontece quando você usa o contexto para raciocinar se uma situação é certa ou errada. A moralidade se torna dependente do contexto, algo bem pós-moderno. De acordo com esse princípio, uma ação pode ser considerada certa e errada ao mesmo tempo, dependendo do ponto de vista e das circunstâncias sociais que envolvem o evento. Trata-se sempre de se colocar no "lugar da outra pessoa" e racionalizar o processo de pensamento dela para justificar as ações. Trata-se de suspender o seu próprio julgamento instintivo (ou preconceito como define o pós-modernismo). Por exemplo, ao ouvir a notícia do assalto, vários anos antes eu teria gritado, "Assassinato é errado!" Mas não foi isso que eu fiz.

O pós-modernismo não define claramente o que é certo ou errado e não estabelece valores universais. Não existe uma verdade com base bíblica. O contexto define o que é moralmente certo ou errado. A moral é construída socialmente.

A maneira como sofri a influência da moralização seletiva se assemelha a algumas estratégias que Charlotte Iserbyt (1930-2022) discute em *Emburrecimento Deliberado da*

América (Deliberate Dumbing Down of America).[19] Encontrei o livro de Charlotte em 2015, quando comecei a procurar respostas para entender a mudança na minha maneira de ver o mundo. Recentemente, eu li o livro novamente e tive uma nova perspectiva. Charlotte aborda o tema da dissolução gradual dos valores morais absolutos no sistema educacional americano. Ela compartilha descobertas de seus 10 anos de experiência de trabalho no Departamento de Educação dos EUA, de 1971 a 1981. Ela descreve o uso da dialética hegeliana e do gradualismo para convencer pais e contribuintes a aceitar programas controversos nas escolas, como educação sexual e sobre a morte. Essas estratégias foram usadas para criar consenso, quebrando lentamente os preconceitos, aumentando a aceitação e manipulando as palavras. A dialética hegeliana, a qual abordarei em capítulos posteriores, tem origem na técnica de construção de consenso criada pelo filósofo alemão Hegel (1770-1831). A formação de consenso com base na dialética hegeliana segue um processo de três etapas: problema (tese), reação (antítese) e solução (síntese). O facilitador lidera a discussão em grupo para formar um novo consenso "compartilhado". Primeiro, o facilitador apresenta dois lados opostos de um problema (a tese e a antítese). Após ampla deliberação sobre os dois lados, as vezes até o ponto de exaustão, o facilitador sugere um acordo (a síntese). O facilitador sugere interpretações que neutralizam as diferenças e relativizam oposições para facilitar o acordo de meio termo. A síntese exige que os participantes abandonem qualquer ideia preconcebida de verdade em prol do consenso do grupo e criem uma verdade que é aceita por todos. Em uma entrevista de 2006, Charlotte explica o impacto prático da dialética hegeliana e como resulta no relativismo moral:

> Temos a tese, a antítese e a síntese no meio. A tese: é errado roubar. A antítese: não há problema. Então fazemos várias reuniões em nossas comunidades. Aí vamos discutindo esse assunto juntos. Acabamos chegando a um resultado. Por exemplo: é errado roubar para a sua mãe doente. É errado. Mas depois de toda a discussão, chegamos a outro acordo: "às vezes não tem problema roubar porque

ela está doente, ela vai morrer... então você pode roubar se ela vai morrer." Assim, você continua se aproximando cada vez mais do abismo. Finalmente, você cai do penhasco. Você não tem mais moral alguma.[20]

Foi assim que interpretei a morte do motorista de ônibus. O diálogo interno que eu tive em minha mente era como o que Charlotte descreve na citação anterior. Questionei o que levou o menino a cometer o crime. Dependendo da situação, mesmo que o final tenha sido trágico, será que o adolescente teve um motivo que justificou o ato para si mesmo? Hoje sei que nada disso importa, pois o certo e errado são conceitos absolutos ("Não Matarás", Êx 20:13), mas na época essa conscientização não era clara para mim. Tudo era relativo, então eu precisava de mais "contexto."

A outra estratégia de doutrinação que Charlotte apresenta no livro *Emburrecimento Deliberado da América*[21] é o gradualismo. Também reconheci a influência desse conceito na minha experiência. Charlotte explica o gradualismo por meio da história do sapo inicialmente colocado em água fria. A água foi aquecida lenta e gradualmente até atingir o ponto de ebulição. Como o sapo não percebeu o aumento gradual da temperatura, não pôde salvar-se da morte. Charlotte diz que o gradualismo leva a mudanças mais radicais do que se uma pessoa aceitasse novas ideias de forma consciente. Como as mudanças são quase imperceptíveis, a pessoa não tem como reagir (p. xviii). Em minha experiência com o pós-modernismo, o processo foi gradual. Nunca suspeitei do que acontecia. Fui transformada lentamente ao longo de alguns anos, quando eu estava profundamente envolvida com minha pesquisa de doutorado e passava várias horas por dia lendo e escrevendo sobre teorias relativistas. Quanto mais eu lia sobre o pós-modernismo, mais absorvia suas suposições. Como as ideias não atacavam diretamente minha identidade, fé e crenças, elas pareciam inofensivas, mas o dano foi enorme. Eu estava sendo cozida como o sapo.

Digamos que você acredite que algo é certo ou errado, independente das circunstâncias. Você acredita que existem regras absolutas e transcendentes de comportamento (ordenadas por Deus, se você for cristão, ou instiladas em nós pela natureza). Mas daí você é gradualmente apresentado a uma nova maneira de pensar. Você ouve e lê sobre essas novas ideias repetidamente. Tais ideias argumentam que sua crença original foi construída socialmente, criada por outras pessoas e transmitida a você: *suas verdades não são realmente suas*. Essas novas ideias dizem que agora você está livre dessas crenças, livre para criar sua própria definição de "verdade". Diz ainda que dessa forma haverá mais harmonia na sociedade, menos diferenças e que todos terão a mesma voz. O que aconteceria com você?

No meu caso, isso me desconstruiu. Preciso reforçar que na visão de mundo pós-modernista do século 21, não é suficiente reconhecer e aceitar que as pessoas pensam de forma diferente. Você não pode afirmar e ter certeza absoluta de que sua verdade é a verdade real. Você deve aceitar que a verdade de todos tem a mesma validade. Essa forma de pensar apaga a sua individualidade como ser humano. O objetivo é que você seja apenas um deles, "o filho perfeito da sociedade," que pensa como todo mundo e é previsível e, portanto, controlável. Eu acredito em autenticidade. Sou única e perfeitamente projetada por Deus. Não quero ser igual a ninguém, e você? "Pois tu [Deus] criaste o meu ser mais íntimo; tu me teceste no ventre de minha mãe" (Sl 139:13 [NVI]). Embora vivamos em uma sociedade de massa, não precisamos ser o resultado da produção em massa. Deus nos criou como indivíduos únicos com um propósito. Precisamos descobrir qual é esse propósito.

A linha de pensamento pós-modernista apaga a verdade. Ela lhe dá uma tela em branco para construir socialmente a verdade e o significado como quiser. Isso pode parecer liberdade de pensamento, mas pode levar um cristão a um abismo sem sentido. Quando você questiona todas as coisas, perde o senso de identidade. Tudo o que você sempre pensou ser verdadeiro pode agora ser falso. Tudo o que você achava errado agora pode estar certo. Todo julgamento se torna relativo e contextual, dependendo das circunstâncias. Você não sabe o que é certo ou errado. Isso pode soar como liberdade, mas é uma realidade escura. É um caos mental sem fim. Você é forçado a sempre aplicar a moralização seletiva, em todas as decisões. As moralidades dependem do contexto. Pontos de vista transcendentes e preexistentes não existem nessa interpretação. Parece libertador, mas não é. Na sociedade, sempre há alguém encarregado do seu contexto. Queira que esse alguém seja Deus: "Porque sou eu que conheço os planos que tenho para vocês", diz o Senhor, "planos de fazê-los prosperar e não de lhes causar dano, planos de dar-lhes esperança e um futuro" (Jr 29:11 [NVI]).

Eu não me dei conta de que passava por um processo de desconstrução. Usei o pós-modernismo como abordagem teórica para a minha pesquisa acadêmica. Essas teorias eram para ter sido um guia apenas na pesquisa. Adotei o construtivismo social como o principal pressuposto filosófico para o meu estudo. Deveria representar a realidade apenas naquele contexto específico. A intenção era que fossem apenas suposições teóricas. Entretanto, ao alimentar a minha mente com novas ideias, elas me ensinaram que era aceitável questionar qualquer verdade preexistente não só na pesquisa, mas também na minha vida. Aprendi que a verdade e o significado não existiam à parte das interações sociais. A verdade era percebida como uma construção social. Eu estava tão profundamente imersa no pós-modernismo, que alterou minha lente de como ver o mundo. Ele entrou em meu subconsciente e tornou-se parte do meu processo de pensamento automático. Durante os anos após o término do doutorado, as ideias pós-modernistas já estavam tão arraigadas que eu as levei do âmbito acadêmico para minha vida pessoal. Isso afetou minha crença biblicamente fundamentada em Jesus Cristo. Ameaçou minha identidade cristã e cheguei a perder a falta de sentido na existência. O pós-modernismo defende a "liberdade de identidade," mas minha experiência me levou à ausência completa de identidade. Foi somente quando comecei a buscar a verdade absoluta (em vez de tentar construi-la) que saí do mundo falso em que me encontrava. Com a ajuda do amor de Deus, tive um vislumbre da Sua verdade. Foi o suficiente para eu saber o que era real e me lembrar de que a verdade já existe. Não é minha responsabilidade construí-la. Essa sim foi uma redescoberta libertadora.

CAPÍTULO 5

Por que a teoria é importante?

Eles estão obscurecidos no
entendimento e separados da vida de
Deus por causa da ignorância em que
estão, devido ao endurecimento do
seu coração.

Efésios 4:18 (NVI)

Teoria é a lente pela qual vemos o mundo. Se você conhece o conceito de teoria como lente, entenderá como sua visão de mundo pode mudar quando você coloca uma nova lente. No meu caso, vivi minha vida inteira com as lentes do cristianismo. Quando coloquei as lentes do pós-modernismo, minha visão de mundo se transformou. Deus não faz parte da lente pós-moderna.

Suponha que você tenha alguns pares de óculos de sol, cada um com lentes de cores diferentes. O par azul tornará tudo o que você vê azul, a lente verde tornará tudo verde e a lente rosa tornará seu mundo rosa. O mesmo princípio aplica-se à teoria, criando suposições sobre como o mundo funciona. A teoria informa uma estrutura que tenta explicar algo (sociedade, pessoas, eventos). Uma teoria traz à tona certos aspectos do mundo com base no que a teoria supõe ser essencial. Se você usa uma determinada teoria para entender o mundo, aplica suas suposições para interpretar o que vê. Lentes teóricas diferentes produzem resultados diferentes quando usadas para entender um mesmo fenômeno social. Obtém-se percepções distintas sobre o que acontece, dependendo da abordagem teórica utilizada.

Seguem alguns exemplos. A teoria materialista marxista de Karl Marx (1818-1883) e Friedrich Engels (1829-1895) pressupõe que a matéria é mais importante do que a existência. O marxismo afirma que o mundo material e suas coisas concretas representam a realidade objetiva independente de nós mesmos. Se a teoria marxista for usada para entender o mundo, deve-se presumir que os seres humanos são apenas seres materiais. Não há lugar para Deus ou para o mundo espiritual além da matéria. O marxismo também pressupõe que os indivíduos interagem uns com os outros na sociedade com base na luta de classes. Quando as teorias marxistas são usadas para interpretar o mundo, estes aspectos vêm à tona na análise: classes e conflitos socioeconômicos, ateísmo, estruturas e ideologias de poder e opressão, relações de poder, grupos marginalizados e a luta para superar a opressão. Outro exemplo de como a teoria informa a interpretação do mundo é a teoria da desconstrução do filósofo francês Jacques Derrida (1930-2004). Pelas lentes da desconstrução, não há verdade ou significado fora do próprio texto escrito. Aplicar essa teoria é questionar e interrogar o texto. As principais suposições da teoria da desconstrução são a incerteza e as inconsistências. O objetivo não é encontrar a verdade ou respostas no texto. A interpretação do leitor e o contexto do autor importam mais do que o texto em si. Busca-se revelar preconceitos embutidos no texto e decompô-los. O objetivo é explicar o contexto em que foi escrito. Procura-se expor se certas palavras e conceitos foram usados para dominar e oprimir. Essa teoria também visa a revelar como o significado incorporado no texto é expresso no mundo externo. Ao desconstruir esses preconceitos, é possível encontrar significados implícitos da época ou as intenções do ator. Ao analisar um livro, por exemplo, é preciso descobrir o que o autor quis dizer quando escolheu as palavras específicas do texto. Esse significado revelará a verdade relativa na perspectiva do autor. Portanto, se você estiver lendo um livro de história ou até mesmo a Bíblia pelas lentes da desconstrução, não encontrará a verdade; em vez disso, você se envolverá em um processo interminável de decompor o significado original para encontrar as "agendas ocultas" que influenciaram os escritores.

Enquanto trabalhava na minha pesquisa de doutorado, li vários artigos que refletiam as pressuposições teóricas do pós-modernismo. Todos eles implicavam que o mundo era construído socialmente. Como pesquisadora, eu precisava explorar as interpretações das pessoas sobre o mundo para encontrar a verdade de cada uma delas. Para minha estrutura de pesquisa, usei uma coleção de teorias e ideias desenvolvidas por especialistas e acadêmicos de vários campos de estudo. Combinei elementos de várias teorias e assegurei a consistência e a coerência entre suas suposições sobre a natureza do mundo, ou seja, sobre o que podemos saber sobre a realidade e como descobrimos a "verdade".

Quando fui apresentada pela primeira vez às teorias pós-modernistas, elas pareciam inofensivas para a minha identidade cristã. Eu nem sequer relacionei os dois conceitos como pontos de vista opostos. Estava empenhada em encontrar uma teoria que me ajudasse a entender minha pergunta de pesquisa. As teorias pós-modernistas eram as mais adequadas. Eram um meio para um fim. Elas me ajudaram a concluir minha tese de doutorado em três anos e meio. No entanto, à medida que lia mais livros e artigos para entender melhor a literatura, as teorias pós-modernistas sobre a verdade e o conhecimento subvertiam a minha identidade.

A fim de comparar como me transformei de uma pessoa que acreditava na verdade absoluta para uma que perdeu a identidade e o sentido, compartilho o meu ponto de partida. Dessa forma, o leitor entenderá como minha visão de mundo se modificou tanto ao longo do tempo.

Creio na verdade irrefutável. Este é o meu credo: Deus é a realidade. Jesus Cristo é Deus, e Ele também é a verdade sobre a realidade. Jesus é o que pode ser conhecido sobre a realidade. Os seres humanos têm uma essência inerente e foram feitos à imagem de Deus. Os seres humanos podem conhecer a verdade aceitando Jesus Cristo como salvador. A fé é o mecanismo que leva a pessoa a aceitar Jesus e ser salva. Depois que essa conexão é feita, os cristãos obtêm acesso à Deus por meio do Espírito Santo. Este nos revela a verdade de Deus por meio da sabedoria espiritual a qual agora possuímos pela fé. Somente a pessoa espiritual pode conhecer a realidade e a verdade. Os cristãos aceitam como verdade que Deus se fez homem na pessoa de Jesus Cristo para salvar a humanidade ao morrer e ressuscitar no terceiro dia.

Como cristã, esse sempre foi o meu alicerce. Depois da minha experiência com o pós-modernismo, dediquei um tempo para refletir sobre a minha crença na verdade absoluta e entender cada parte da minha fé cristã. As teorias pós-modernistas desafiam essa crença.

CAPÍTULO 6

O que é um mundo construído socialmente?

Timóteo, guarde o que lhe foi confiado. Evite as conversas inúteis e profanas e as ideias contraditórias do que é falsamente chamado conhecimento.

1 Timóteo 6:20 (NVI)

A construção social do mundo e da realidade é um dos conceitos mais influentes da sociologia atual. De acordo com o pós-modernismo, a realidade é construída por meio das interações sociais. O mundo concreto não importa. A realidade física que tocamos não importa. O que importa é como interpretamos o mundo ao nosso redor. Numa realidade socialmente construída, não há verdade absoluta. As verdades são criadas por meio de experiências sociais.

Em *Cristianismo puro e simples (Mere Christianity)*,[22] C.S. Lewis afirma que a religião faz afirmações factuais sobre o mundo. Essas afirmações devem ser verdadeiras ou falsas, mas nunca ambas ao mesmo tempo. Então pergunto, e se essas afirmações religiosas (ou qualquer afirmação) não forem verdadeiras nem falsas? E se não houver nenhuma maneira de diferenciar entre afirmações verdadeiras e falsas? Se você acredita que a verdade depende de você mesmo e de suas experiências sociais, nada disso o incomodará. Mas se você for cristão, isso significaria que não existe um padrão universal para diferenciar a verdade da mentira ou para separar o bem do mal. A base de julgamento seria determinada pela sociedade e pode variar a qualquer momento, não seria fixa. Essa noção pode abalar o seu alicerce. O pós-modernismo está enraizado nesse ceticismo e nessa dúvida.

No mundo socialmente construído do pós-modernismo, não há verdade independente de nós mesmos. A verdade é um produto da atividade humana. Não pode ser descoberta pois não existe nada antes da invenção social. Aquilo que sabemos sobre o mundo está incorporado em nossas experiências sociais, rotina, conversas, dinâmica familiar e de trabalho. Cada situação pode ter uma verdade diferente, dependendo das pessoas envolvidas. Para entender o mundo, você precisa viver e aprender a verdade sobre sua experiência vivida. Como um produto humano, os indivíduos criam significados por meio de suas interações pessoais e com o ambiente. O mundo é formado a partir das relações sociais e construções culturais. O mundo releva-se pelo estudo de entendimentos, opiniões e significados subjetivos. Para essa visão, só podemos encontrar versões da "realidade" com base na perspectiva das pessoas envolvidas em uma situação social. No pós-modernismo, os vieses e o contexto influenciam as interpretações e formam a realidade. Assim, tentar obter conhecimento objetivo sobre o mundo real é uma perda de tempo.

CAPÍTULO 7

O que é a verdade construída socialmente?

Confie no Senhor de todo o seu coração e não se apoie em seu próprio entendimento.

Provérbios 3:5 (NVI)

Na visão de mundo pós-modernista, não há realidade fora de nossas experiências. Nenhuma verdade existe independente das interpretações e dos significados das pessoas. Se alguém perguntar: "O que é verdade?", a resposta sempre será "depende do contexto". O pressuposto é que não existe verdade absoluta. A realidade é construída socialmente. A verdade também não está lá fora, esperando para ser descoberta. Ela não pode ser encontrada por meio de uma observação direta, teorização ou fé. O construtivismo social rejeita a objetividade, as metanarrativas, uma realidade preexistente, a crença na verdade universal transcendente, como também a revelação divina. Rompe com os preconceitos. Entenda que por preconceitos, refiro-me a conceitos pré-existentes. O pós-modernismo elimina a essência e a ideia de identidade. Se estamos realmente sempre em construção, o nosso "eu" torna-se fluido. Não existe identidade, somente a experiência. Não somos nada que perdure no tempo e no espaço.

No pós-modernismo, a "verdade" nos é revelada quando exploramos as experiências sociais e buscamos entendê-la na prática. A verdade é um conceito em movimento, e qualquer coisa pode ser verdadeira se for compreendida de forma coerente no contexto em que foi criada. No construtivismo social, o conhecimento sobre a verdade nunca é objetivo. A verdade é desenvolvida nas interações sociais, e só é possível conhecer qualquer verdade interpretando as opiniões e experiências das pessoas envolvidas nas interações. Desse ponto de vista, não podemos presumir que observar fatos e coletar evidências nos levará ao conhecimento da verdade. Não podemos nos basear no entendimento modernista de que os seres humanos são previsíveis, com gostos, preferências e talentos inculcados no nascimento. Não podemos presumir que Deus nos criou e nos fez como somos. Em vez disso, o pós-modernismo pressupõe que os indivíduos estão constantemente se reinventando, e a verdade também muda à medida que interpretações da realidade mudam. A identidade não é fixa; ela sofre mutações constantes. Não há separação entre nossas vivências e uma realidade lá fora que é desconhecida para nós. Essa realidade externa não existe ou não importa.

Mesmo que houvesse uma realidade fora do observador, seria impossível conhecê-la de forma objetiva. Qualquer realidade externa, quer exista ou não, torna-se irrelevante, pois para o pós-modernismo, nunca poderemos alcançá-la. Só é possível conhecer a verdade do ponto de vista subjetivo. As interpretações da realidade ou da verdade importam mais do que a própria realidade, que não existe sem a interpretação pessoal. Além disso, os pós-modernistas creem em interpretações múltiplas e igualmente válidas.

Então como sabemos o que é verdade? Todas as afirmações podem ser verdadeiras, todas as coisas podem ser boas e ruins ao mesmo tempo, dependendo do ponto de vista. É por esse motivo que o construtivismo social também é chamado de *interpretivismo*. Pressupõe-se que não há verdade absoluta além de interpretações da realidade.

Se o pós-modernismo pressupõe que a verdade é construída socialmente, como construímos a verdade? A resposta é por meio de regras de comportamento na sociedade. O pós-modernismo acredita em uma dialética (ou relação de mão dupla) entre essas regras sociais e as pessoas. Diz que as regras de como devemos pensar ou agir em sociedade influenciam a maneira como nos comportamos e pensamos. Dessa forma, regras criadas apresentam-se como verdade. Entretanto, para o pós-modernismo, tais regras não são eternas nem criadas por Deus. Elas foram criadas ao longo do tempo e transmitidas a nós pelas gerações anteriores. São verdades socialmente construídas que duram meses, anos, séculos ou milhares de anos. De acordo com o pós-modernismo, acreditamos nessas verdades porque fomos condicionados socialmente.

CAPÍTULO 8

Condicionamento social: crenças que se passam por verdade

Amados, não creiam em qualquer
espírito, mas examinem os espíritos
para ver se eles procedem de Deus,
porque muitos falsos profetas têm
saído pelo mundo.

1 João 4:1 (NVI)

Como o pós-modernismo explica a existência de algo que se assemelha à verdade? No pós-modernismo, um processo conhecido como condicionamento social é responsável pela ideia de verdade. O condicionamento social é um processo pelo qual as pessoas aprendem a acreditar e agir com base na maneira de pensar aprovada pela sociedade ou grupo. As pessoas seguem as ideias predominantes como normas e padrões de ação e pensamento. Com o tempo, as ideias passam a ser coletivamente aceitas como verdades inquestionáveis e condicionam o comportamento.

Pense se alguma vez sentiu sua forma de pensar ser influenciada pelo seu ambiente de convívio ou pelas pessoas ao seu redor. Depois de alguns meses e até anos de convívio nesse meio, percebe que suas decisões e reações não refletem quem você é. Você passa a duvidar de si mesmo e a questionar suas escolhas. Finalmente entende que a "verdade" a qual se submete é criação do grupo do qual faz parte. É como se acordasse de um sono profundo. A libertação causa fúria antes de alívio. Quando reganha a consciência, a pessoa condicionada se revolta com a situação de prisão em que vivia antes de conseguir usufruir da nova liberdade de ser e pensar. Algumas pessoas passam por esse tipo de pressão na família, no trabalho, nos âmbitos religiosos e nos relacionamentos. É como se vivesse com uma camisa de força e com a boca amordaçada, guardando dentro de si seus verdadeiros pensamentos e opiniões. Esses grupos que oprimem, até mesmo sob a ideologia de ajuda ou motivação, têm suas próprias verdades e condicionam seus membros, conscientemente ou não.

Para os pós-modernistas, as crenças não são a verdade absoluta, porque esta simplesmente não existe. Crenças são ideias internalizadas como a coisa certa a fazer. De acordo com o conceito pós-modernista de "adequação",[23] a pressão social nos leva a seguir regras nas arenas de experiências pessoais (família, escola, trabalho, igreja etc.). Obedecemos a regras porque é a maneira esperada de se comportar. Essas pressões forçam a crença nas "verdades" e tradições socialmente construídas que atravessam gerações e regem a forma como vivemos. Tornam-se padrões de julgamento acordados coletivamente, mas não são considerados verdades universais (transcendentes, criadas por Deus e válidas em todo o tempo e espaço).

Como cristã, acredito que os dogmas cristãos são revelações divinas e, portanto, verdade transcendente e absoluta (como por exemplo, Jesus Cristo é Deus). Para os pós-modernistas, no entanto, os dogmas são normas, melhores práticas e tradições. Representam interpretações compartilhadas e socialmente aceitas. Para os adeptos desse movimento, minha crença pessoal não é errada, mas também não é a correta. É apenas uma forma de pensar à qual fui condicionada. Os dogmas podem variar entre sociedades e entre gerações dentro da mesma sociedade. Se as convenções e normas culturais são diferentes entre os países, por exemplo, os pós-modernistas acreditam que todas podem ser verdadeiras porque a verdade depende do contexto. A mesma lógica se aplica a diferentes crenças religiosas.

As pessoas incorporam essas normas e valores vindos da cultura, da família, do local de trabalho, da religião e da mídia. As normas culturais que temos hoje foram aceitas por um número suficiente de pessoas e atingiram a consciência coletiva. Não há um número exato de quantas pessoas precisam aceitar uma ideia para que esta vire norma. Quando poucas pessoas com poder e influência recomendam uma forma de pensar esta se espalha rapidamente e condiciona as demais. Por outro lado, quando muitos indivíduos sem influência, mas juntos, apoiam uma ideologia, a força do grupo em si empurra a ideia até o consciente coletivo.

Quando ocorre a socialização das crenças, o subconsciente individual aceita essas normas como guia. As pessoas passam a agir e pensar de acordo com esses padrões. Adotam-nos como roteiros que orientam a coisa "certa" a fazer e evitam o comportamento "errado". Para os pós-modernistas, quando você nasce em uma sociedade com um sistema de crenças dominante naquele momento específico da história, provavelmente aceitará e seguirá os preceitos dessas crenças assim como os demais.

Por meio da cognição cultural, as pessoas adequam seu comportamento sobre o que é aceitável na sociedade. De acordo com o pós-modernismo, esse é o momento em que decidem o que é certo e errado. A ideia de certo versus errado é criada por meio da socialização e implementada por meio do condicionamento. Não existe um poder universal e transcendente que tenha determinado os valores e a moral da sociedade. O padrão é o compromisso com as regras sociais. Se a sociedade determinar que uma ação é certa ou errada, as pessoas se comprometerão com esse valor por meio do condicionamento social ou cultural. Caso não sigam as regras serão punidas. O isolamento, o bullying, o ataque na mídia social também são formas de punição (além da punição legal). O ramo da antropologia estuda como as pessoas desenvolvem os sistemas culturais que influenciam seu mundo e moldam suas crenças e ações, bem como o ambiente em que vivem.

Vivemos de acordo com padrões. Não vivemos em um vácuo. As crenças e as normas de comportamento proporcionam uma sensação de segurança e controle. Faz parte de nossa natureza buscar segurança e proteção, inclusive de pensamento. Esses padrões e normas criados social e culturalmente são um conjunto duradouro de regras e práticas que criam certa ordem e previsibilidade no mundo. Nós os seguimos por meio da cognição cultural ativada por nosso subconsciente de forma quase automática.

Padrões fazem parte da experiência vivida. Empresas fabricam produtos e prestam serviços com base em padrões, o que permite que avaliem e garantam o nível de qualidade para os clientes. Já imaginou se o fabricante do alimento que você come ou do carro que você dirige não tivesse padrões definidos para fabricar esses produtos? Nós fazemos o mesmo no dia a dia. Seguimos os padrões de comportamento adequado porque pensamos que devem proporcionar uma melhor qualidade de vida e mais segurança.

Alguns veem os padrões como verdades rígidas, que devem ser seguidos e nos acompanham independente do contexto. Outros acreditam que se os padrões não se encaixam, devemos buscar outras crenças mudando os termos da nossa socialização. Seria como se mudar para outro país ou mudar de emprego na busca de novos padrões. Outra maneira de ter a sensação de "se encaixar" é criar padrões que tolerem o modo de vida escolhido. Temos duas opções: ou aceitamos os padrões existentes ou tentamos mudá-los, arriscando nosso senso de segurança.

Quando uma nova maneira de viver se espalha e se torna socialmente aceita, as novas ideias se tornam a norma. É uma questão de tempo até que uma nova ideia se espalhe com rapidez suficiente para desafiar e substituir um sistema de crenças existente. Isso é algo relativamente fácil de fazer hoje em dia com a tecnologia. No passado, as tradições e os valores eram estabelecidos por longos períodos. No entanto, no século 21 com a mídia social, novas ideias se tornam normas coletivas muito mais rapidamente, em questão de dias, semanas ou meses. Esse argumento fundamenta a ideia pós-modernista de que a verdade é relativa e mutável e, portanto, não é atemporal nem absoluta. Para o pós-modernismo, o que os indivíduos reconhecem como verdade é o resultado do condicionamento social.

CAPÍTULO 9

Como o pós-modernismo desafia a verdade

Pois está escrito: "Destruirei a
sabedoria dos sábios e rejeitarei a
inteligência dos inteligentes". Onde
está o sábio? Onde está o erudito?
Onde está o questionador desta era?
Acaso não tornou Deus louca a
sabedoria deste mundo?

1 Coríntios 1:19-20 (NVI)

O pós-modernismo desafia a verdade construída, e nem ao menos reconhece a existência de uma verdade absoluta. As verdades no mundo pós-moderno são as normas e regras de comportamento. Essa ideologia social pressupõe uma constante interação de mão dupla entre os indivíduos e as normas de comportamento.[24] Os indivíduos criam essas normas à medida que vivem e as normas moldam o comportamento humano. Embora os pós-modernistas acreditem que há normas e tradições rígidas, esses valores não são imutáveis.

A mudança e alteração nas normas e padrões que formam a verdade pós-moderna acontece da seguinte forma. Novas experiências incomuns não terão uma norma de orientação na sociedade para determinar se a prática é certa ou errada. Revela-se assim um vazio na consciência coletiva que precisa ser preenchido. Se essa prática incomum for repetida por muitas pessoas, elas também encontrarão um vácuo na sociedade, sem saber se a prática é certa ou errada. Não há uma explicação clara na sociedade para essas novas práticas. Dessa forma, roteiros e normas devem ser criados para servir de orientação às pessoas. À medida que essas experiências desconhecidas se tornam mais comuns, as pessoas chegarão a um consenso ético sobre tais práticas. O consenso sobre o padrão de julgamento será influenciado pela necessidade de harmonia na sociedade. A prática será considerada correta se muitos apoiarem a causa e quiseram continuar praticando. Enquanto houver discórdia na sociedade, o consenso não foi atingido como um todo. Durante a construção do consenso, regras antigas que rachassem o novo comportamento sofrerão críticas. Novas práticas e crenças que desafiam as regras antigas logo as substituirão.

O que descrevi aqui assemelha-se ao desenvolvimento do conceito de "politicamente correto". A prática do politicamente correto surgiu como resposta quando muitos não sabiam como reagir ao relativismo do mundo pós-moderno.

No pós-modernismo, as pessoas não são simplesmente seguidoras de regras. O comportamento humano não pode ser totalmente explicado ou moldado por experiências sociais de forma unidirecional. Indivíduos são capazes de desenvolver a autoconsciência sobre o que querem, ao ponto de criar as regras que regem o seu comportamento e seus relacionamentos. Avaliam se as ações e crenças adequam-se ao contexto social. Caso não se encaixem, podem mudá-las. As pessoas têm uma certa autonomia para avaliar as regras de condicionamento e escolher suas ações. A maioria escolhe seguir por receio da punição social. No dia a dia, essa escolha geralmente ocorre de forma automática sem muita reflexão.

No entanto, se as normas dominantes forem inconsistentes e não apoiarem as nossas escolhas, buscaremos formas de mudá-las. Isso ocorre principalmente quando tais normas proíbem ou inibem o comportamento. A restrição da liberdade estimula a luta pela mudança de regras. Regras e normas têm poder de controle quando acreditamos que fazem sentido para orientar as nossas ações. No entanto, para o pós-modernismo, não somos simplesmente robôs condicionados por padrões socialmente construídos. Também podemos pensar criticamente sobre as consequências das nossas ações e tentar mudar as regras. Podemos também recusar o condicionamento social e reconhecer que existe uma verdade absoluta, optando por segui-la como padrão de vida.

Para os pós-modernistas, a mudança de paradigma pode ocorrer devagar ou rapidamente, quando ideias emergem como uma nova maneira dominante de pensar e agir. Uma forma de entender como a mudança ocorre é estudar as interações microssociais. As mudanças iniciam-se no nível do indivíduo. Normas pessoais se transformam mais rapidamente do que normas sociais. À medida que os indivíduos interagem entre si e compartilham novas formas de pensar, passam a desafiar os discursos dominantes em suas experiências cotidianas no trabalho, entre amigos e familiares e na mídia social. Há uma guerra de crenças a todo instante. Quando o argumento vencedor chega à consciência coletiva torna-se o roteiro social dominante e a forma de pensar "tida como certa" pela maioria do grupo.

Mesmo que as regras sejam mutáveis, a verdade socialmente construída condiciona o comportamento. É preciso um consenso para que o novo paradigma de pensamento substitua o condicionamento social de um grupo. Quando o comportamento social é previsível, o pós-modernismo presume que as regras sociais estão sendo seguidas coletivamente como roteiros. No entanto, o pós-modernismo também explica que os indivíduos podem optar por não seguir regras tão cegamente e desafiar as normas existentes, iniciando uma revolta contra a condição em que se encontram. É nesse momento que o roteiro comportamental que entrou na consciência coletiva começa a ser desafiado. Perde legitimidade e deixa de fornecer respostas aceitas cegamente. Quando isso acontece, o consenso enfraquece e a sociedade busca construir outras "verdades."

Para o pós-modernismo, é assim que as "novas verdades" são desenvolvidas. Indivíduos improvisam regras por meio de suas experiências sociais. Depois que mais pessoas seguem a maneira de pensar recém-adotada, a interpretação se formaliza como a maneira geralmente aceita de entender determinado conceito na consciência coletiva. A adoção das novas verdades pode ser imediata ou ocorrer gradualmente antes de ser formalmente adotada em diferentes "tribos" (sociedades, culturas, países).

Como exemplo, a introdução de novas normas aconteceu rapidamente em nossa sociedade com o COVID-19 no início de 2020. Logo depois que as notícias mencionaram o vírus pela primeira vez, todos começaram a usar máscaras, a evitar restaurantes e cinemas e a estigmatizar outras pessoas que apareciam em público sem máscara ou com sintomas semelhantes ao da gripe. O COVID-19 mudou rapidamente a forma como vivíamos e como julgávamos o certo e o errado. Isso levou à rápida institucionalização de novas normas, pois as opiniões compartilhadas sobre o distanciamento social, por exemplo, tornaram-se coletivamente aceitas. Novas normas também podem levar algum tempo para serem desenvolvidas. Veja, por exemplo, a redefinição das regras sociais nas últimas décadas nos Estados Unidos. Na década de 1960, muitas ideologias foram criadas e aceitas rapidamente, enquanto outras ainda são debatidas até hoje, pois a sociedade ainda não concordou coletivamente sobre o que é certo e errado nesses casos. Como exemplo de novas regras sociais que entraram em vigor de forma rápida, o movimento pelos direitos das mulheres na década de 1960 promoveu a liberalização das leis de divórcio adotadas até hoje. Qualquer uma das partes do casamento pode pedir o divórcio sem prova de irregularidade. No século 19, se uma mulher quisesse se divorciar, ela tinha de apresentar provas de agressão ou adultério para que o divórcio fosse concedido. Hoje, um cônjuge não precisa provar nenhum delito e pode simplesmente alegar "diferenças irreconciliáveis" para pedir o divórcio. Essa norma é aceita coletivamente pela maioria e foi formalmente institucionalizada. Nos Estados Unidos, por exemplo, todos os estados federados permitem o divórcio sem culpa. Quando um cônjuge pede o divórcio, ou a pessoa concorda por vontade própria ou é legalmente obrigada a aceitar.

O caso é diferente com relação ao tema do aborto. O movimento pelos direitos das mulheres na década de 1960 também culminaram com a legalização do aborto em muitos estados norte-americanos após o processo judicial *Roe v Wade*, de 1973, que considerou o aborto um direito constitucional sem restrições. Essa decisão levou a muitos debates e protestos ao longo dos anos, que resultou na sua anulação pela Suprema Corte dos EUA em 2022, eliminando o direito constitucional ao aborto estabelecido em 1973. No Brasil, por sua vez, o aborto induzido é considerado crime pelo código penal brasileiro desde 1964. Nos Brasil, mesmo com vários debates a nível nacional entre grupos políticos e religiosos, a lei nunca chegou a ser modificada como nos Estados Unidos. Essa falta de consenso generalizada, até entre países, mostra uma clara discordância sobre uma norma social não compartilhada coletivamente. Diferentes grupos se posicionam claramente a favor e contra o aborto. O aborto é um tema polêmico que reforça como os conceitos de certo e errado assumem uma abordagem subjetiva na sociedade. Não há consenso em relação ao aborto. Aqui, nenhuma norma abrangente orienta "como a sociedade pensa".

A formalização legal de novas normas na sociedade ou país pode levar anos, mas podemos mudar as regras e as interpretações nos relacionamentos. As mudanças no nível do indivíduo acontecem mais rapidamente. Depois disso, quando vários grupos sociais aceitam as novas ideias, elas atingem a consciência coletiva e passam a determinar o que é aceitável, o que é certo, errado, bom ou ruim na sociedade A pesquisadora britânica Patsy Healey, cujos estudos sobre planejamento comunicativo incorporam teorias da construção social, descreve como novas ideias atingem o nível da sociedade:

A ação estratégica cria novos modos de governança por meio de várias intervenções sucessivas em torno de projetos, iniciativas, discursos e práticas. Algumas delas se transformarão em algo mais impactante, mas nunca é possível prever qual estratégia de transformação será a mais produtiva. O importante é que as intervenções continuem acontecendo, fornecendo o "solo" da memória e da prática sobre o qual novos padrões são construídos.[25]

A abordagem pós-modernista determina que a intenção de criar uma verdade pode ser expressa em uma decisão consciente ou em uma ação prática. Mesmo que alguém não diga explicitamente que deseja desafiar uma regra de comportamento, as ações indicam a intenção prática. O que importa é o resultado. O objetivo final é anular a forma existente de pensar e substituí-la por uma nova ideologia.

O mundo do pós-modernismo precisa dessa interação e flexibilidade. As identidades mudam à medida que as pessoas escolhem quem querem ser por meio de suas ações ou expressões. Criam novas interpretações quando discordam. A busca por si mesmo é inútil no mundo pós-moderno, pois não há algo "anterior" a ser encontrado; não há essência. Indivíduos aderem a ideias sobre quem são. Quando não gostam mais dessas "verdades", mudam de identidade.

***

Com o pós-modernismo, a busca por respostas a perguntas sobre identidade e realidade foca no estudo de contextos específicos e da cultura atual. As interações sociais, experiências e interpretações subjetivas determinam as respostas e soluções. O pós-modernismo é a teoria do ceticismo. Esse novo processo de pensamento levou a uma grande mudança na lente usada para entender o mundo. O objetivo é colocar tudo em perspectiva. A "criação do significado" é a expressão do nosso tempo. Conceito não tem uma definição fixa. "Saber" significa capturar o contexto à medida que ele se desenrola, por meio de uma exploração detalhada dos eventos e desvendando as "verdades" e vieses de cada um. Para o pós-modernismo, essas verdades nunca podem ser objetivas ou absolutas. Afirma-se que não há realidade independente da interpretação. Conhecer a realidade por meio de interpretações é a única forma de entender o mundo. Não há verdade ou mundo real além das opiniões.

A maneira pós-moderna de ver o mundo é cansativa. Se alguém quiser entender apenas o contexto em que um evento ocorreu, ou a percepção das pessoas envolvidas, uma estrutura pós-modernista pode ser útil. Entretanto, há perigo em acreditar que essa estrutura reflete como o mundo funciona realmente. Utilizar uma visão pós-moderna como representação da realidade e da verdade é crer no vazio como a base da existência.

CAPÍTULO 10

O início da desconstrução

O maligno vem e arranca o que foi
semeado em seu coração.

Mateus 13:19 (NVI)

Comecei o primeiro ano do meu doutorado em setembro de 2010. Cheguei a Sheffield, na Inglaterra, alguns dias antes do registro oficial para me instalar e deixar tudo pronto para o que seria meu lar nos próximos anos. Eu estava explorando outro país mais uma vez. Depois de me formar em 2004 em Economia pela Universidade do Sul da Califórnia em Los Angeles, fiquei no Brasil por 6 anos antes de ir à Inglaterra para fazer meu doutorado. Eu havia concluído meu MBA no

Brasil apenas um mês antes de chegar a Sheffield.

Era uma oportunidade de avançar a minha formação acadêmica. Eu queria aprender mais sobre infraestrutura urbana e parcerias público-privadas, que foi minha área de especialização. A Inglaterra estava anos à frente do Brasil nesse campo. Antes de Sheffield, eu era consultora de uma empresa brasileira em Fortaleza. Meu trabalho consistia em intermediar as negociações entre empresas privadas, principalmente grupos de construção, e o setor público. Como os governos locais geralmente tem déficits orçamentários, há necessidade de investimento privado em infraestrutura pública, como estradas, hospitais e saneamento básico.

Com formação acadêmica em economia neoclássica, eu havia sido treinada numa abordagem quantitativa e racional para a tomada de decisões. Minha verdade profissional era baseada em evidências. A racionalidade instrumental era o principal método que eu usava para avaliar o risco no estudo desses projetos multimilionários de infraestrutura. Eu preferia usar números, estatística, planilhas e abordagens matemáticas para a tomada de decisões.

Uma semana depois de chegar a Sheffield, tive a primeira reunião com o meu orientador de doutorado. Ele me perguntou sobre o meu tema de pesquisa, e expliquei que estudaria a análise de risco e avaliações financeiras de parcerias público-privadas. Expliquei que essas avaliações eram usadas pelo setor público para determinar se um projeto com participação privada utilizaria recursos públicos de forma eficiente e a um custo mínimo. O tema das parcerias público-privadas era pouco explorado no Brasil, e eu queria aprender mais com a experiência do Reino Unido.

Meu orientador pediu que eu explicasse com mais detalhe a experiência do Brasil no ramo. Mencionei que a desconfiança e a corrupção eram temas constantes. Havia a suspeita de que recursos públicos não eram bem empregados para a melhoria da sociedade. Eu queria então estudar a relação custo-benefício dos projetos públicos com financiamento privado para examinar formas de melhorar o processo. Usaria a pesquisa de doutorado para descobrir uma maneira objetiva de determinar a viabilidade de um projeto público-privado. Expliquei que usaria a matemática e a lógica para criar um modelo numérico e minimizar a influência de interesses pessoais, fatores políticos e corrupção nos estudos de viabilidade desses projetos. Disse ao meu orientador que minha meta era tornar o processo mais objetivo. Para a minha surpresa, ele sugeriu uma abordagem bem diferente. Ao invés de tentar forçar a objetividade, perguntou por que não explorar os pensamentos e opiniões.

Fiquei intrigada. Ele disse que para entender um processo social de tomada de decisões, eu devia explorar o "porquê" e o "como" do problema. Isso ajudaria a entender as pessoas envolvidas e suas motivações principalmente porque as interferências na objetividade do processo pareciam ser de cunho social. Daí então teria os fundamentos para estudar uma abordagem mais eficaz de conciliação de interesses públicos e privados. Sabendo as motivações e interesses seria possível criar um consenso para o benefício mútuo dos envolvidos. Como eu sempre me concentrei em descobrir causas e correlações de forma lógica e objetiva, essa abordagem parecia interessante. Na época, eu não sabia que essa jornada me tornaria cética em relação a tudo, até mesmo aos meus próprios pensamentos.

Foi aí que minha jornada com o pós-modernismo começou. Li vários artigos para decidir qual teoria se encaixava melhor em minha dissertação. Interessei-me pela teoria institucional. Li o trabalho de Patsy Healey e de outros autores que usam o pós-modernismo no planejamento urbano e no desenvolvimento imobiliário. Comecei com o artigo de 1996 de Patsy Healey, *Virada Comunicativa no Planejamento (Communicative Turn in Planning)*.[26] O artigo trata da criação de processos políticos à medida que grupos sociais debatem de forma colaborativa sobre planejamento urbano. O planejamento comunicativo defende o uso da construção de consenso para conciliar diferentes perspectivas e opiniões à medida que os indivíduos se envolvem conjuntamente na elaboração de políticas. É uma abordagem não quantitativa e não racional para a tomada de decisões. Li muito sobre essas ideias para criar uma estrutura teórica de pesquisa. No doutorado, a estrutura teórica fornece os pressupostos para o contexto do estudo e é a base ou 'lente' pela qual o estudo é desenvolvido. Forma a realidade ou mundo da pesquisa. Os pressupostos referem-se às crenças e princípios sobre a natureza do conhecimento e a realidade que orientam a abordagem do pesquisador e sua relação com o estudo.

Desenvolvi pressupostos para o "mundo" da minha pesquisa. Foi uma experiência criativa que me proporcionou liberdade de pensamento para decidir como eu queria entender esse mundo. As teorias seriam a lente da análise e determinariam a "realidade" e a "verdade" no mundo do meu estudo.

Entre setembro de 2010 até a conclusão da dissertação, em dezembro de 2013, trabalhei cerca de 12 horas por dia, inclusive nos fins de semana, na sala de estudos de pesquisa do Departamento de Planejamento Urbano da Universidade de Sheffield. Ao longo de 3 anos, tirei duas férias de 10 dias e passei algum tempo no Brasil coletando dados e realizando entrevistas sobre o estudo de caso da minha pesquisa. Li mais de 200 livros e artigos sobre teorias que pressupõem que a realidade é socialmente construída. Aprendi sobre a teoria institucional, a teoria da estrutura-agência, a teoria do regime urbano, a teoria da estrutura de rede, a teoria da complexidade, entre outras. Restringi-me à teoria institucional e incorporei suas premissas à pesquisa. O trecho a seguir mostra o que escrevi na dissertação sobre a lente que adotei no estudo:

> O mundo socialmente construído deve ser compreendido a partir das perspectivas de cada um para explicar as variações no tempo e no espaço e as mudanças que ocorrem à medida que as pessoas vivem suas experiências e interagem umas com as outros. A compreensão do complexo mundo da experiência vivida deve ser feita a partir do ponto de vista das pessoas, porque se acredita que o mundo da realidade vivida é construído pelos próprios atores sociais. Esta pesquisa está interessada em estudar a construção social de uma realidade em constante mudança com base em interpretações e significados. [27]

No mundo da minha pesquisa, os indivíduos podiam criar e mudar quaisquer crenças, suposições e preconceitos preexistentes por meio de experiências sociais. Minha dissertação tinha como pressuposto uma realidade em que as pessoas podiam seguir normas e crenças tradicionais ou criar novas regras e verdades para justificar o comportamento. Criei um mundo pós-moderno, e sem querer passei a viver nele.

CAPÍTULO 11

A infiltração de uma nova teoria

Cuide para que ninguém o leve cativo
por meio de uma filosofia oca e
enganosa, que depende da tradição
humana e das forças espirituais
elementares deste mundo, e não de
Cristo.

Colossenses 2:8 (NVI)

Minha experiência com a pesquisa de doutorado não foi o problema. Não me arrependo de ter embarcado nessa jornada, que abriu meus olhos e ampliou meu conhecimento. Fui exposta a uma maneira diferente de ver o mundo. O problema não foi a experiência em si, mas como recebi o pós-modernismo. Suas ideias se estenderam do mundo da pesquisa para a minha vida pessoal. Comecei a usá-las para entender a realidade. O pós-modernismo tornou-se minha lente de visão do mundo. Como não protegi a mente de suas premissas, as ideias pós-modernistas foram se infiltrando em meu subconsciente durante três anos. Li e absorvi pensamentos que desafiavam a minha identidade e fé cristã.

Fui criada no cristianismo. Minha família frequentava uma igreja batista local em Fortaleza. Íamos duas vezes por domingo e às reuniões de oração às quartas-feiras. Meu pai, embora não fosse um cristão confesso, sempre apoiou minha mãe na criação das três filhas. Aceitei Jesus como meu salvador aos 11 anos e fui batizada aos 13. Minha crença em Deus e em Jesus como fonte universal da verdade nunca foi questionada. Talvez eu tenha tropeçado aqui e ali, mas sempre soube o padrão pelo qual deveria viver. Tinha consciência de que ao errar deveria me arrepender e voltar aos braços de Jesus. Nunca considerei a possibilidade de haver verdades ou uma realidade socialmente construída. O que escrevi em minha tese de doutorado deveria ter sido apenas uma abordagem de pesquisa. Li certa vez que em um estudo de doutorado é impossível separar a crença ontológica (teoria da realidade) da crença pessoal do pesquisador. Hoje entendo que é difícil fazer essa distinção.

As ideias pós-modernistas se infiltraram em minha visão de mundo, e se consolidaram alguns anos depois. Esse processo de desconstrução pode acontecer com qualquer pessoa, construindo e apagando sua verdadeira identidade. Fui vítima da minha própria criação, do meu estudo. Enquanto tentava entender como os indivíduos criam suas próprias regras para subverter estruturas sociais rígidas, lá estava eu, sendo uma "aprendiz criativa" das minhas próprias ideias. Subverti todos os traços de crença na verdade transcendente que eu tinha dentro de mim. Minha identidade era baseada na crença de que existe uma verdade absoluta. Sempre acreditei que existe uma verdade lá fora, independente de nós, criada por Deus. No entanto, durante esses anos, o "mundo" que criei para enquadrar minha pesquisa tornou-se meu próprio mundo.

Somos sujeitos ao poder do pensamento que molda nossa visão da realidade. A interação entre a mente subconsciente e o consciente cria a realidade individual. Aquilo que você escolhe ler e ouvir determinará a sua forma de ver a realidade. As suas escolhas moldam o seu mundo. A mente subconsciente armazena nossas crenças, enquanto o consciente é responsável pelas intenções. As nossas escolhas intencionais e pensamentos repetidos tornam-se automáticos por meio do subconsciente. É o que chamamos de hábito, e é também assim que crenças socialmente construídas entram na mente e passam a direcionar nossas escolhas.

Durante o doutorado, a minha mente estava repleta de ideias pós-modernistas. Não havia nada de transcendente no meu estudo. Passei a ver o mundo como uma interação entre os indivíduos e as normas sociais. Comecei a interpretar as normas antigas como apenas práticas e tradições que nos foram transmitidas pelos antepassados e que aceitamos como verdadeiras porque sempre foi assim. Reconheci que criamos novas formas de pensar com base nas experiências sociais. Ideias novas substituem os valores antigos à medida que se tornam obsoletos e não são mais úteis para responder a nossas perguntas. Também comecei a acreditar que a única maneira de saber algo sobre o mundo seria por meio das interpretações e opiniões pessoais, afinal temos o primeiro relato de nossas próprias experiências. A partir daí, passei a achar que não podia confiar na minha interpretação sobre a vida de outra pessoa. Minha verdade não importava mais naquele momento. Eu aceitei que as experiências culturais influenciavam as ações a ponto de construir verdades, criando justificativas para essas mesmas ações. Nessa visão de mundo, uma pessoa não pode fazer nada de errado; toda ação é justificável. As interpretações subjetivas representam a verdade. Comecei a considerar a proposição de que a verdade absoluta não existia.

Para descobrir a "verdade coletiva" na pesquisa utilizei a técnica da triangulação, que significa o uso de vários métodos para verificar informações. Numa pesquisa pós-modernista, essa é a única maneira de dar credibilidade e validade aos argumentos. A verdade absoluta é inatingível. O pesquisador só pode descrever um evento a partir da perspectiva dos participantes. Além disso, o pesquisador deve reconhecer os seus próprios preconceitos ao interpretar qualquer informação referente ao estudo.

Na minha pesquisa, fiz uma análise cruzada dos relatos dos entrevistados. Verifiquei a minha interpretação com os documentos oficiais que coletei sobre o estudo de caso. Na seção da minha dissertação sobre validade, em que discuto o rigor e a credibilidade do meu estudo, escrevi: "Nesta pesquisa, a validade não se refere à busca da verdade objetiva, mas se trata de uma questão de fidelidade à realidade socialmente construída, conforme descrita pelos participantes envolvidos no estudo de caso."[28] Na dissertação, compartilho minhas descobertas em uma narrativa analítica detalhada. Levei essa mesma linha de pensamento pelas 300 páginas da tese e ainda além para a minha vida pessoal quando retornei ao Brasil ao final do doutorado.

Hoje entendo que a única forma de acessarmos a realidade criada por Deus é por meio da leitura e aprendizado da Bíblia: a fé vem do ouvir a mensagem, e a mensagem é ouvida por meio da palavra sobre Cristo (Rm 10:17 [NVI]). A crença pessoal é gradualmente construída à medida que alimentamos a mente com conhecimento. É preciso intencionalidade e dedicação para alinhar a crença pessoal à verdadeira realidade independente do mundo. A verdadeira realidade é criada por Deus, não por nós mesmos. Mesmo que essa realidade não seja diretamente visível, podemos encontrá-la por meio da fé.

CAPÍTULO 12

Da teoria à prática

A integridade dos justos os guia mas
a falsidade dos infiéis os destrói.

Provérbios 11:3 (NIV)

Fiquei abalada quando assisti àquele noticiário sobre o adolescente de 13 anos que havia matado um motorista de ônibus em um assalto à mão armada. Senti pena da família do motorista. Também pensei no garoto. Lembro de ter pensado no que poderia tê-lo levado a cometer aquele crime. Suposições passaram pela minha cabeça enquanto eu tentava entender a situação do ponto de vista dele. Havia fortes indícios de que ele era um sem-teto e usava drogas que comprava com o dinheiro de roubos e furtos. Pensei em sua condição de vida e em como sua mãe o criou. Pelas notícias, os criminosos exerciam mais influência em sua vida do que a família. Imaginei que ele era levado a cometer delitos que culminaram na tragédia. Ele poderia também ser viciado em drogas. Suas condições sociais pareciam ter uma influência direta em suas ações.

Uma situação que a primeiro momento me pareceu hedionda não aparentava mais ser tão errada. Parecia quase defensável. Na mente da criança, sua ação poderia ter sido a correta, justificável, com base em suas experiências. Não importava o que eu pensava. Minhas definições de certo e errado eram diferentes das dele. Não importava que eu soubesse que "não matarás" era um mandamento bíblico ou que a sociedade tivesse formalizado regras criminais de comportamento que não toleravam o assassinato. Essa era a minha realidade, não a dele. Aquela criança havia construído seu próprio mundo e sua definição de certo e errado. Aquela terrível escolha fazia sentido para ele.

Há um conceito conhecido como *Teorema de Thomas*, formulado pelo sociólogo William Isaac Thomas e detalhado em seu livro de 1928, *A criança na América* (*The Child in America*).[29] O teorema diz: "Se os homens definem as situações como reais, elas são reais em suas consequências". Em outras palavras, as consequências de uma ação tornam reais as interpretações e percepções. As pessoas agem de acordo com suas interpretações da realidade e não com a realidade em si. Não sabemos o que é real de verdade (ou se algo assim existe), sabemos apenas os vislumbres da realidade por meio dos resultados das nossas ações. O livro de Thomas discute o caso de um prisioneiro psicótico que atacou violentamente outros prisioneiros porque achou que eles o estavam insultando quando viu seus lábios se movendo a distância. Embora os outros prisioneiros estivessem apenas conversando, o prisioneiro reagiu à sua percepção da realidade. O ataque aos outros prisioneiros foi real, mesmo que o pensamento fosse apenas uma interpretação falsa da realidade.

Outros exemplos comuns do *Teorema de Thomas* incluem uma criança a quem é dito que os monstros vivem em seu armário e que passa a ter medo do armário, mesmo que os monstros não sejam reais. Um adolescente que é repetidamente chamado de encrenqueiro começa a agir como tal. Em ambos os casos, as consequências também são reais, independente de qualquer verdade com base em percepções.

No pós-modernismo, a mesma suposição pode ser aplicada ao caso da criança que cometeu o assassinato que vi no noticiário. As circunstâncias de sua vida o colocaram nessa posição. Pelas circunstâncias de sua vida, a percepção da sociedade o transformou em um criminoso mesmo antes de ele matar o motorista.

Depois que a polícia prendeu o garoto de 13 anos, ele foi mantido em um centro de detenção para jovens. A sociedade o puniu, mas eu me perguntava se ele achava que tinha feito algo de errado. Ele provavelmente culpou as circunstâncias da vida, e não a si mesmo. Eu aceitei que não tinha o direito de julgar as ações do menino. No contexto da minha vida, eu ainda não imaginava a mudança que isso representaria na minha forma de pensar.

CAPÍTULO 13

À beira do abismo

Porque aquele que duvida é como a
onda do mar, levada e agitada pelo
vento.

Tiago 1:6 (NVI)

Em setembro de 2014, fui morar nos Estados Unidos. Eu tinha algumas semanas de folga antes de começar a trabalhar e me dediquei à pesquisa sobre ideias para publicações acadêmicas. Eu queria continuar a explorar o tema da minha dissertação. Como eu havia mergulhado no estudo de teorias acadêmicas durante o doutorado, queria agora explorar suas contribuições práticas. Me perguntava como as pessoas aplicam esse processo de construção social na vida real. Queria entender a capacidade das pessoas de criar novas regras para orientar seu próprio comportamento. A ideia de liberdade pessoal e domínio da própria vida me atraía muito. Eu queria saber mais sobre o que leva as pessoas a questionar "verdades antigas" e a criar novas formas de viver. Concentrei-me na autonomia do indivíduo. Isso me levou a explorar a ideia de "pensamento crítico", o que foi uma das piores coisas que já me aconteceu. Se a apresentação ao pós-modernismo plantou uma semente questionadora em minha mente, o pensamento crítico a fez explodir. O meu desmoronamento existencial começou nesse período.

O pensamento crítico é o questionamento de uma crença ou de qualquer ideia nova. É um "julgamento suspenso",[30] como uma pausa para refletir que nunca termina. Quando você pratica uma forma desconstrutiva de pensamento crítico, você examina tudo e qualquer coisa que lhe é apresentada. É uma forma de auto-ceticismo. Alguns pensadores críticos são objetivistas (acreditam na verdade universal) e usam o pensamento crítico para fortalecer suas crenças. Outros se encaixam melhor na categoria construtivista ou contextualista[30] (acreditam que tudo é circunstancial). Chamo a segunda forma de destrutiva, e foi a maneira como adotei o pensamento crítico. Como não procurava criar ou justificar crenças, acabei desconstruindo minha visão de mundo.

Nessa jornada para aprender mais sobre o pensamento crítico, li o trabalho de Richard W. Paul, um acadêmico reconhecido na área. Suas ideias se adequam à linha de pensamento contextualista. Richard Paul define o conhecimento como algo que só existe na mente.[31] Ele diz que não há nada fora do pensamento crítico: "Precisamos nos lembrar de que todo conhecimento existe no pensamento crítico e por meio dele."[32] De acordo com Richard Paul, por meio da prática do pensamento crítico, os indivíduos se libertam de preconceitos egocêntricos e egoístas e de correntes sociais que prendem seu pensamento transmitido por experiências passadas. Para ele, essas formas antigas de pensar nos impedem de encontrar a "verdade". Ele acrescenta que um bom pensador crítico reconhece a influência dos seus preconceitos pessoais em qualquer conceituação de "verdade". Dominar o pensamento crítico requer autodisciplina e pensamento autodirigido. O pensamento crítico é pensar sobre o pensamento na busca da "verdade". É a arte de questionar a veracidade de toda e qualquer afirmação. Como diz Richard Paul, "Os pensadores críticos não são nada, se não questionadores".[33] Eu havia absorvido muito da filosofia construtivista social e estava vendo o mundo a partir de um quadro mental subjetivo. O pensamento crítico alinhava-se com essa visão. Na época, deparei-me com o argumento a seguir de Richard Paul, o qual reforçou a minha dúvida quanto à certeza de fatos:

> Uma das tendências mais fortes da mente egocêntrica e acrítica é ver as coisas em termos de preto e branco, "tudo certo" e "tudo errado". Portanto, crenças que deveriam ser mantidas com graus variados de certeza são mantidas como certas. Os pensadores críticos são sensíveis a esse problema. Eles entendem a relação da evidência com a crença e, portanto, qualificam suas afirmações de acordo com isso. A incerteza de muitas de suas crenças é caracterizada pelo uso

apropriado de qualificadores como "altamente provável", "provavelmente", "não muito provável", "altamente improvável", "frequentemente", "normalmente", "raramente", "duvido", "suspeito", "a maioria", "muitos" e "alguns". Os pensadores críticos examinam as generalizações, procuram possíveis exceções e usam as qualificações apropriadas.[34]

As ideias que li me fizeram pensar que eu estava errada por ter crenças fortes, por não duvidar de mim mesma: "Os pensadores acríticos presumem que sua perspectiva sobre as coisas é a única correta. Pensadores acríticos egoístas manipulam a perspectiva dos outros para obter vantagens para si mesmos."[35] Quem quer ter uma "mente acrítica"? Eu não queria. Essas ideias continuaram a reforçar o que eu havia escrito em minha pesquisa. Achei que não deveria aceitar ou rejeitar qualquer crença como garantida. De acordo com Richard Paul, a maneira correta seria "colocar argumentos, interpretações e teorias conflitantes em oposição uns aos outros."[36] Era imperativo avaliar os pontos fortes e fracos dos argumentos. Eu precisava criticar principalmente as conclusões com as quais concordava. Quanto aos argumentos dos quais discordava, tinha de ser mais sensível, pois meus preconceitos poderiam me levar a rejeitá-los injustamente.[36]

Depois de passar todos esses anos aprendendo uma mentalidade "neutra" e pós-moderna, achava normal pensar em termos de "cinza". Não refleti sobre o que Jesus havia dito: "Tudo o que vocês precisam dizer é simplesmente 'Sim' ou 'Não'; qualquer coisa além disso vem do maligno" (Mt 5:37 [NVI]). O conceito do pensamento crítico (assim como o politicamente correto) estava em alta na sociedade. Era o elo perfeito entre as teorias do pós-modernismo e sua aplicação prática no mundo real. Encontrei exatamente o que eu estava procurando.

Esses pensamentos foram-se infiltrando lentamente. Entraram em minha mente e mudaram minha forma de pensar. Ao ler sobre a abordagem de pensamento crítico de Richard Paul, aprendi mais sobre a técnica de "questionamento socrático". É um método dialético de investigação que traz à tona todas as suposições implícitas num argumento. Nesse tipo de questionamento, as tendências e os preconceitos precisam primeiro ser expostos e depois desconstruídos para revelar a "verdade" circunstancial de uma situação.

O questionamento socrático é a destruição sistemática de toda alegação de conhecimento por meio do questionamento de tudo o que se encontra na sua frente. Começa-se com o entendimento de que não sabemos nada. Admitir essa ignorância é a única maneira de sabermos alguma coisa. Por meio do método dialético, obtemos conhecimento ao duvidarmos de tudo. Isso é feito examinando e questionando a validade de nossas crenças. Na prática, o processo começa com estímulos do "proponente", que também chamo de "instigador". O proponente faz perguntas esclarecedoras aos outros ou a si mesmo para desconstruir suas crenças, expor quaisquer contradições ou preconceitos e, por fim, chegar ao conhecimento "verdadeiro". Perguntas de desconstrução incluem: "Por que eu penso ou digo isso?" "Isso é verdade?" "O que estou supondo aqui?" "Isso poderia não ser verdade?"

"Tenho fontes confiáveis?" "Há evidências para isso?" "Como sei que isso é verdade?" "O que os outros dizem sobre isso?" Essa abordagem é um método negativo e destrutivo de investigação. O objetivo é criar dúvidas, expor crenças e revelar contradições.

Curiosamente, o método socrático pressupõe que o conhecimento verdadeiro é eterno e imutável. Pressupõe que a verdade vive na alma imortal. Herdamos esse conhecimento da verdade quando nascemos. Por meio da prática do questionamento e do diálogo, esse verdadeiro conhecimento implícito se torna explícito. O filósofo grego Sócrates (469-399 a.C.) acreditava na verdade absoluta. Seu estilo de ensino baseava-se em fazer perguntas para desafiar as suposições de seus alunos. O método de questionamento tinha o objetivo de revelar a verdade enterrada na alma. Durante a minha desconstrução, não consegui absorver esse lado do método socrático. Concentrei-me apenas na parte do questionamento para explorar as contradições e quebrar minhas próprias crenças. Nesse estágio, já tinha dúvidas sobre a existência de algo transcendente ou universal.

Quanto mais eu questionava tudo ao meu redor, mais me afastava da crença na verdade absoluta.

O método socrático me lembrou da dialética hegeliana, conceito semelhante introduzido pelo filósofo alemão do século 19 Hegel (1770-1831). Também abordo esse conceito no capítulo 4, ao falar sobre Charlotte Iserbyt (1930-2022) e seu livro *Emburrecimento Deliberado da América (Deliberate Dumbing Down of America)*. Enquanto o método socrático expõe as contradições da mente na busca da verdade, a dialética hegeliana abraça as contradições da realidade. A dialética é o método de descobrir a verdade das ideias por meio da discussão e da comparação de ideias opostas. Para Hegel, é trabalhando essas contradições de forma dialética que a realidade é criada. Ele fundou o processo de construção de consenso que mencionei nos capítulos anteriores, em que a tese e a antítese são introduzidas como proposições contraditórias para se chegar à síntese, uma resolução que leva a uma verdade consensual. Depois que o consenso é alcançado, o processo começa novamente. Uma nova tese é apresentada para se opor à síntese, levando a um novo ciclo dialético. Dessa forma, a realidade está sempre progredindo. Novas sínteses criam diferentes verdades contingentes. Hegel é associado ao conceito de Idealismo Absoluto, no qual a realidade é apenas um reflexo de ideias. Essas ideias progridem em direção a uma consciência coletiva por meio do processo dialético.

Mergulhei no pensamento crítico e nos métodos dialéticos. Foi só quando tentei entender todas essas informações a partir de uma perspectiva cristã que senti que estava caindo em um vazio. Minha crença cristã foi desafiada. A dúvida estava se infiltrando sem aviso prévio.

Ao estudar mais sobre o pensamento crítico, o sentimento de vazio crescia. Eu não buscava evidências para confirmar a minha fé. Se o mundo fosse socialmente construído, como eu agora acreditava, eu nunca encontraria evidências da verdade transcendente, que era a base da minha fé cristã. De acordo com a minha nova visão de mundo, a verdade não era real e não podia existir sem ser construída. Portanto, para que a minha nova realidade pós-moderna fizesse sentido, a verdade não poderia simplesmente existir. Dessa forma, para criar uma certa coerência no meu mundo e justificar a minha nova forma relativista de pensar, era preciso desconstruir qualquer noção que ainda restava em mim sobre a existência de uma verdade absoluta.

Eu não estava procurando motivos para acreditar em uma verdade. Eu estava mais interessada em encontrar contradições. Eu estava decidida em pensar criticamente sobre tudo. Isso acontecia no meu subconsciente; não era intencional. Para aceitar um mundo pós-moderno, subjetivo e relativista, neguei a minha crença tradicional na verdade absoluta. Precisei desmontá-la e tornar inválidas as minhas próprias crenças. Era um mal necessário pois não conseguiria conciliar a crença em nada e em tudo ao mesmo tempo. Somente uma dessas crenças poderia ser verdadeira. Eu escolhi desacreditar.

Ao ler a Bíblia, a busca por contradições ganhou vida em minha mente duvidosa. Enquanto escrevo este capítulo e penso em como descrever o exame minucioso a que submeti a Bíblia, sinto-me envergonhada. Passei três anos dedicando minha mente a uma nova visão de mundo, sem saber que estava me preparando para destruir a minha fé cristã. Acredito que inconscientemente busquei justificar que aqueles anos não foram uma perda de tempo. Tinha que provar que as afirmações de verdade absoluta não eram reais e que não podíamos saber nada com certeza. Ainda não consigo escrever e compartilhar pensamentos desconstrutivos que tentaram destruir a eternidade da Palavra de Deus dentro de mim. As dúvidas de terceiros se tornaram minhas perguntas. Não quero que as minhas perguntas se tornem as suas.

Quando estava na Inglaterra, visitei uma livraria histórica de livros usados e achei a biografia de um cantor popular britânico, o Beatle John Lennon. O autor descreve como o cantor começou a questionar Deus e a fé cristã. John Lennon se deparou com um livro que influenciou o seu ceticismo. Questionou várias passagens da Bíblia por meio de um método semelhante ao pensamento crítico. Sem querer comecei a fazer as mesmas perguntas. Na época eu reconhecia os pensamentos invasivos ganhando espaço na minha mente. Eu não busquei de forma intencional questionar a minha fé. Acontecia de forma sutil. Lembro-me de perguntar a mim mesma: "O que são essas dúvidas? De onde vêm?". Não tinha controle sobre os meus pensamentos. Eu havia me (des)construído socialmente para questionar tudo, inclusive a razão da minha existência.

***

O pós-modernismo é uma forma de engano semântico.[37] É a distorção de palavras e significados para fazer com que algo pareça aceitável e até desejável, mas com um propósito destrutivo. É isso que o pensamento crítico desconstrutivo representa. O pós-modernismo é apresentado como a liberdade de expressão e cria a realidade que você deseja por meio de experiências sociais. Nos tornamos vulneráveis a essas mesmas experiências e circunstâncias sociais. Essa liberdade criativa pode ser manipulada para que o contexto gere as escolhas esperadas. Como o Apóstolo Paulo diz em Romanos 1:25 (NVI), escolhemos viver de acordo com o mundo que criamos em vez de buscar a verdade absoluta de Deus: "Eles trocaram a verdade sobre Deus por uma mentira, e adoraram e serviram as coisas criadas em vez do Criador."

Fui construída socialmente a acreditar que a construção social era a única maneira de entender a realidade. Mas esse pensamento removeu todas as minhas crenças e me deu uma nova visão de mundo que questionava tudo. O vazio me revelou que o pós-modernismo era destrutivo. Em julho de 2017, escrevi a palavra "desgraça" numa anotação quando refletia sobre o pós-modernismo. Em meu íntimo, eu sabia que Deus existia e que a verdade era eterna. Eu tinha que encontrar esse lugar novamente.

CAPÍTULO 14

A falta de sentido

"Que grande inutilidade!",
diz o mestre.
"Que grande inutilidade!
Nada faz sentido!"

Eclesiastes 1:2 (NVI)

O que é real quando tudo é construído socialmente? Existe mesmo uma realidade ou é tudo uma ilusão criada pela mente? Será que tenho uma identidade própria e meus pensamentos são reais, ou será que tudo que sou é resultado de uma construção social? Será que sou agente de mim mesma?

Era uma vez uma menina de sete anos. Ela brincava em seu quarto e não havia mais ninguém na casa. Olhava pela janela e ansiava em ver alguém na rua, uma pessoa caminhando, um motorista em um carro passando. Alguns minutos se passaram e ela não viu ninguém. Correu pela casa, mas continuava sozinha. A menina começou a sentir-se ansiosa e perturbada: "Será que sou a única pessoa no mundo inteiro?" Perguntava a si mesma se era possível que todas as outras pessoas que ela já tinha visto existiram apenas em sua mente. "Será que estou realmente aqui?" Ela olhou ao redor e viu seus brinquedos. Ela os tocou. Eles pareciam reais. Será que ela estava imaginando que estava viva? Seria ela uma pessoa real ou apenas um pensamento inventando uma história que parecia real? Depois de tantos anos, eu estava revivendo uma experiência de infância.

Quando menina, eu pensava que a realidade era resultado da minha imaginação e que nada era real. As crianças sempre fazem perguntas, especialmente entre os dois e cinco anos de idade. Você deve ter percebido quantas vezes uma criança pergunta: "Mas por quê?". As crianças estão sempre tentando dar sentido ao mundo. No entanto, elas têm pouco conhecimento para usar como ponto de partida.

Tentam obter o máximo de informações possível dos pais, professores e outros adultos. As informações que adquirem dos dois aos cinco anos de idade, combinadas com sua imaginação criativa, formam a base de sua visão de mundo. Aos sete anos de idade, as crianças entram na idade da razão.[38] É aí quando a criança começa a conseguir diferenciar a imaginação da realidade. Elas passam a usar o pensamento lógico para fornecer explicações. O conhecimento do mundo se torna permanente. A mente das crianças com menos de sete anos é mais maleável. Elas são mais impressionáveis e misturam fantasias com a realidade.

Ser apresentado ao pós-modernismo foi como me levar de volta aos sete anos de idade. Foi como reviver o período de transição quando uma criança está prestes a entrar na idade da razão. Minha experiência levou minha mente de volta ao livro de desenho quando ideias críticas me fizeram questionar se minha realidade era real ou o resultado dos meus pensamentos.

Mas o alicerce permanente da minha visão de mundo ainda existia. Minha fé ficou adormecida por causa da experiência com o pós-modernismo. Mas isso não a eliminou. Eu simplesmente não conseguia alcançá-la. Ela estava sob a névoa pós-modernista. Agora sei que minha sólida criação cristã teve tudo a ver com o fato de minha fé ter sobrevivido à desconstrução. "Ponha as crianças no caminho em que devem andar e, mesmo quando forem velhas, não se desviarão dele" (Provérbios 22:6 [NVI]). Minha fé cristã contrariava os pensamentos questionadores que me levavam à falta de sentido. Minha fé continuava me lembrando de que havia uma verdade absoluta. Eu sabia em minha alma que Deus criou a realidade, e que Sua verdade era real. Foi preciso que eu caísse em um poço mental profundo para encontrar o caminho de volta.

No ano de 2015, eu frequentava uma pequena igreja nos Estados Unidos. As mulheres se reuniam nas manhãs de sexta-feira para estudar a Bíblia e às vezes tomar café da manhã. Em uma dessas reuniões, a esposa do pastor sentou-se ao meu lado. Ao final, as outras mulheres começaram a ir embora, e nós ficamos. Ela quis saber como eu estava. Eu lhe disse que estava bem e tive o impulso de perguntar se poderia compartilhar algo pessoal. Ela olhou atentamente para mim. Contei a ela sobre a minha experiência de doutorado na Inglaterra e como havia sido exposta a algumas ideias que eu suspeitava estarem afetando a minha fé. Dei-lhe exemplos do que eu estava questionando e passagens do Evangelho sobre as quais eu tinha dúvidas. Ela foi compreensiva e queria muito me ajudar. Ela disse: "Então você está questionando o fundamento de sua fé em Jesus". Ela estava certa. Mas ouvir isso em voz alta tornou tudo muito real. Alguém além de mim agora sabia do meu segredo. Eu nunca havia expressado esses pensamentos em voz alta, nem mesmo para mim mesma. Era como se eles não existissem. Fiquei arrependida de ter compartilhado, talvez envergonhada. Parei de ir à igreja e às reuniões de mulheres. Sentia-me culpada por meus pensamentos. Depois disso, achei que primeiro precisava controlar a minha mente antes de voltar a frequentar a igreja.

Fui apresentada a novas formas de pensar que me levaram a duvidar da minha fé. Isso removeu meu senso de realidade, mas não o substituiu por outra coisa. Por um tempo, minha visão do mundo ficou em um estado suspenso de vazio. Eu não sabia o que pensar. Não sabia no que acreditar. Minha visão de mundo ficou escura. Para mim, todas as possibilidades de verdades existiam e se misturavam em nada. Em minha escuridão, absorvi muitas possibilidades do que a realidade e a verdade poderiam ser, mas não conseguia entendê-las. A verdade agora era relativa. Não havia padrões para diferenciar afirmações falsas de verdadeiras. Um mundo onde tudo é verdadeiro e correto é caótico.

Meu mundo girava em torno da dúvida sobre cada pensamento que tinha. Não era um processo construtivo. Era destrutivo, autodestrutivo e exaustivo. Mas é assim que o pós-modernismo funciona. Quando se aproxima da criança ou do adolescente, que está em processo de construção da identidade e visão de mundo, o pós-modernismo se aproveita da fertilidade mental e gera identidades mutáveis, sem padrão ou fundamento. Quando o pós-modernismo se aproxima de alguém como eu, com uma visão de mundo solidificada na fé cristã, precisa primeiro destruí-la. Em seguida, limpa todos os vestígios remanescentes. Depois disso, o "cristão infectado" passa a adotar essa visão de mundo em suas experiências, utilizando o relativismo moral contrário à fé cristã. O "cristão infectado" também pode cair em um estágio de vazio até a ruptura total; ou pode encontrar o caminho de volta para Deus por meio do amor e da fé. Esse último é o caminho que segui, mas não antes de experimentar a escuridão de um mundo sem sentido.

CAPÍTULO 15

A minha experiência com o niilismo

Nada sabem, nada entendem.
Vagueiam pelas trevas; todos os
fundamentos da terra estão
abalados.

Salmos 82:5 (NVI)

Em *Explicando o Pós-Modernismo (Explaining Postmodernism)*,[39] Stephen Hicks descreve o colapso da razão no século 20. O pós-modernismo dissolveu a verdade absoluta. A realidade tornou-se uma malha de contradições e levou a um colapso do significado. Hoje, qualquer coisa pode significar qualquer coisa. Como a realidade e a verdade tem múltiplos significados, a ideia de "nada" tornou-se a mais importante. A realidade significa nada e tudo ao mesmo tempo. Essa interpretação faz o ajuntamento entre os conceitos de Ser (a existência de tudo) e de Nada (a ausência de tudo). Ser e Nada tornaram-se sinônimos. Como a realidade não significa nada em sua essência, qualquer significado atribuído a ela é aceitável. O conceito de autoconstrução conecta essas duas polaridades. Ao aceitar que não há nada além de nós mesmos, é possível atribuir qualquer significado a qualquer coisa. Não há barreiras ou limitações criativas.

O filósofo alemão Heidegger (1889-1976) é frequentemente associado à pergunta: "Por que existe algo em vez de nada?" Em resumo, "algo" existe devido ao significado que as pessoas atribuem às coisas e aos momentos. Se as pessoas não atribuíssem significados, teríamos "nada". Sob essa perspectiva, o significado depende da construção de significados. Quando as coisas deixam de ser importantes e não mais discutidas no âmbito social, elas perdem seu significado e voltam a ser nada. Quando uma pessoa entra em uma crise existencial e começa a questionar o propósito de tudo ao seu redor, todas as coisas e significados perdem o valor e viram nada. Ela não vê sentido em atribuir significados, e a realidade deixa de existir. Aqui, há-se nada em vez de algo. Essa pessoa perde o senso de identidade e se afunda nesse nada. Isso é o niilismo, a crença de que a vida não tem sentido.

Para Heidegger, é somente quando nos perdemos e descemos ao nada que encontramos o centro do Ser. É aí que o Ser e o Nada se tornam um só. É onde tudo existe e tudo é possível. É quando a pessoa percebe que ao menos que dê um significado à realidade, ela não existirá. Heidegger baseou essa filosofia no Deus cristão, que criou o mundo a partir do nada.

No niilismo, uma pessoa precisa passar por um caminho escuro e terrível de questionamento de todo o significado (até mesmo de sua existência), para chegar ao centro do Ser. É um caminho difícil de auto-aniquilação. Em *Explicando o pós-modernismo,* Stephen Hicks descreve o que uma pessoa experimenta nesse processo de chegar ao nada para depois se encontrar:

Parte do processo de dissolução em um estado de indiferenciação é a dissolução do próprio senso de ser, um ser único e individual. A pessoa tem a sensação de que os seres estão sendo dissolvidos em um Ser indiferenciado - mas, ao mesmo tempo, tem a sensação de que sua autoidentidade também está escorregando para um estado de ser nada em particular - ou seja, de se tornar nada. Isso é angustiante. [40]

Hicks acrescenta: "Depois de experimentar um pavor aterrorizante, revelamos o mistério final dos mistérios: O nada. No final, tudo é nada e nada é tudo."[41] Foi assim que me senti no auge de minha experiência com o pós-modernismo. Eu me sentia como nada. Tudo ao meu redor era nada. Nada tinha significado. E eu estava apavorada. Lembro-me de ligar para minha mãe e dizer: "Mãe, estou me perdendo de mim mesma. Não sei mais quem eu sou". Sentia extrema incerteza e dúvida em relação a tudo ao meu redor, até quanto a mim mesma e a minha própria existência. Era como se não acreditasse na realidade, mesmo estando viva. Não tinha propósito. Um vazio total. Minha mente estava vazia e cansada.

Stephen Hicks descreve essa experiência como niilismo metafísico, um conceito que ele atribui a Heidegger, mas que também pode ser atribuído a Nietzsche (1844 - 1900). Em termos gerais, o niilismo é a filosofia da falta de sentido. Não há existência ou verdade. Não há propósito para a vida e nada do que fazemos tem importância. O conhecimento não existe e, portanto, não há sentido em tentar buscá-lo.

Hoje sei que tive uma breve experiência com o niilismo existencial quando a vida parecia não ter sentido. Tudo era simplesmente vazio. Isso me levou ao desespero e me colocou em um mundo absurdo, sem padrões de comportamento. Todas as ações e pensamentos podiam ser certos e errados ao mesmo tempo.

Nietzsche fez uma distinção entre o niilismo ativo e passivo.[42] Os niilistas passivos buscam a autoproteção. Embora duvidem do significado de seus valores tradicionais, eles se apegam a esses valores assim mesmo por segurança ou por medo de se perderem. Eles vivem e fingem acreditar, mas não acreditam em nada. É mais fácil fingir acreditar e se misturar às pessoas condicionadas na sociedade do que lutar contra a falta de sentido. Apegam-se a uma falsa sensação de segurança. Por outro lado, os niilistas ativos buscam abertamente a destruição dos valores induzidos e a rejeição do significado imposto. Eles querem ser livres para criar sua própria verdade. Essa abordagem está alinhada com as ideias do filósofo existencialista francês Jean-Paul Sartre (1905-1980) e seu famoso conceito de que "a existência precede a essência". No existencialismo, o ser humano é responsável por criar significados pois não há natureza humana que inscreva valores ou propósitos. Não há verdade lá fora para ser buscada. A verdade depende da experiência vivida. A essência de uma pessoa resulta de suas escolhas durante a vida.

Os niilistas ativos representam a virada para o niilismo existencial que precede o pós-modernismo. Enquanto os niilistas do início do século 20 lutavam contra essa desintegração do eu, os novos niilistas do século 21 - os pós-modernistas - a abraçam. Eles prosperam na exposição de pré-conceitos e destruição de sentidos e valores. Eles buscam a emoção do "nada" para ter a liberdade de validar qualquer ação. No século 21, a falta de significado justifica a distorção da realidade e a subversão da verdade absoluta. Quando encontram resquícios de conceitos absolutos, os pós-modernistas do século 21 os decompõem por meio do pensamento crítico e se envolvem na construção social de novos significados por meio da dialética.

Conforme descrito originalmente por filósofos do início do século 20, a criação de novos conceitos após uma experiência niilista traria alívio para aqueles que sentem a terrível dor de encontrar o centro do nada. Depois de "despertarem" do condicionamento social, eles podem construir sua própria verdade. No entanto, no mundo contemporâneo, os pós-modernistas não experimentam de fato a profundidade do nada. Eles têm apenas um encontro superficial com a ausência de sentido e experimentam um vislumbre desses momentos. Por não suportarem a falta de sentido, logo criam novos conceitos e identidades. A geração que abraça o pós-modernismo não aguentaria a angústia de viver no nada. Não sobreviveria. Então usa a falta de sentido como trampolim entre conceitos e verdades criadas que justificam suas ações e preferências sem a pressão do certo e do errado.

No niilismo, uma pessoa precisa experimentar uma completa falta de significado para alcançar o centro do Ser. Os pós-modernistas defendem a ausência de significado absoluto, mas o significado nunca lhes falta. Estão sempre aderindo a uma nova moda com suas identidades mutáveis. Como ideias são compartilhadas de forma rápida para formar novos conceitos, não há tempo para refletir sobre o significado da vida ou sobre conceitos abstratos. Ideias se espalham rapidamente por vários grupos e se consolidam em uma nova norma de valores, apenas para serem destruídas e substituídas posteriormente quando percebidas como uma ameaça. Se a sociedade não gostar de uma ideia, ela a substituirá. Poucas pessoas refletem sobre a formação das ideias que adotam. A maioria reage, e alguns líderes sociais guiam a criação do novo pensamento coletivo. À medida que os indivíduos desmontam os antigos significados, eles já estão imediatamente se engajando no desenvolvimento de novas ideias. É uma maneira de garantir abrigo mental. Poucos sobrevivem no vácuo; vão à loucura. Na sociedade pós-moderna, os indivíduos raramente se encontram em um estado "intermediário" como eu estava. Inscrevem-se no próximo pensamento compartilhado por "medo de ficar de fora".

No meu caso, não me envolvi na rota passiva de fingir que concordava com um significado ou na rota ativa de construí-lo eu mesma. Eu simplesmente não fiz nada. Eu estava lá, presa no nada por um tempo. Como um sonambulismo mental, apenas transitava de evento para evento com vislumbres de expressões existenciais, com reflexos de dias felizes que se alternavam com dias tristes.

CAPÍTULO 16

O Lobo da Estepe

Há caminho que parece certo ao
homem, mas no final conduz à morte.

Provérbios 14:12 (NVI)

Nos meus 20 anos, meu pai me presenteou com o livro *O Lobo da Estepe*[43] de Herman Hesse (1877-1962), publicado pela primeira vez em 1927. Quando procurei formas de expressar a minha experiência, lembrei-me de *O Lobo da Estepe*. O personagem principal, Harry Haller, vive uma busca semelhante à minha. Numa mistura de autobiografia e imaginação, *O Lobo da Estepe* descreve a jornada de um homem na busca de si mesmo enquanto questiona o significado de sua existência. O livro mostra as consequências da luta contra os pseudo-absolutos e os valores da sociedade. Os que rejeitam o condicionamento social podem viver livremente construindo a vida como bem entenderem. Criam padrões para si mesmo e permanecem presos na sua realidade, vivendo sob suas próprias regras. Não há certo ou errado. A moralidade se torna relativa. *O Lobo da Estepe* mostra os resultados dessa escolha.

Um dos meus medos era a necessidade de fazer essa escolha. Não queria depender de mim mesma para criar a verdade na minha vida. Minha natureza humana não deveria ser responsável por criar minha realidade. Ao questionar meus valores e padrões, eu sabia que tinha de encontrar a verdade novamente. Eu temia que a natureza interior assumisse o controle, e decidisse criar a minha nova visão de mundo. Os pensamentos estavam lá, mas eu me recusava a agir de acordo com eles.

No livro *O Lobo da Estepe*, Hermann Hesse descreve a história de Harry Haller, um homem que luta contra as contradições entre a sua condição humana (um homem normal de meia-idade) e seu lado lobo (selvagem e em busca de prazer). Harry está dividido entre o seu lado humano e o seu lado animal, que se opõem um ao outro. Harry diz: "Arde então em mim um selvagem anseio de sensações fortes, um ardor pela vida desregrada, baixa, normal e estéril, bem como um desejo louco de destruir algo".[44] Como lobo, ele vive num mundo falso e cheio de vaidades que não consegue entender. Harry questiona todos os valores religiosos, familiares e políticos. É um niilista ativo. Por outro lado, como homem, ele se força a obedecer a essas regras sociais e despreza a devassidão dos que têm espírito livre. Seu lado humano é niilista passivo e finge aceitar os padrões da sociedade. Nega ao lobo os prazeres sensuais e a indulgência de que ele precisa. O lado lobo o faz sofrer por viver em contentamento e ser condicionado pelas normas sociais.

Harry observa o mundo de fora e não sente que pertence a ele. Ao mesmo tempo, ele não faz nada para resolver seus conflitos internos. A maior parte de seus dias é consumida pelo tédio, escrevendo livros, lendo, bebendo, dormindo e ansiando desesperadamente por um significado. Ele não consegue suportar uma vida sem sentido e pensa em suicídio. O leitor de *O Lobo da Estepe* pode se perguntar em que momento a história passa de real para pura fantasia. Certa noite, enquanto Harry vagueia pelas ruas, ele se depara com uma placa que diz "Teatro Mágico, Entrada Só Para Os Raros— Só Para Loucos". Fica intrigado, mas não consegue encontrar a porta do teatro. Em seus passeios pela cidade, Harry conhece Hermínia. Ela é feroz e selvagem (talvez seja fruto de sua imaginação, uma figura feminina que personifica seu lado lobo). Eles se tornam amigos. Um dia, ela questiona o propósito de Harry na vida. Hermínia diz que quanto mais ele busca um significado, mais se perde. Era inútil procurar a verdade. Ela diz:

> Quero lhe dizer algo hoje, algo que sei há muito tempo, e você também sabe, mas talvez nunca tenha dito isso a si mesmo. (...) Você, Harry, tem sido um artista e um pensador, um homem cheio de alegria e fé, sempre na trilha do que é grande e eterno, nunca satisfeito com o trivial e insignificante. Mas quanto mais a vida o desperta e o traz de volta a si mesmo, maior é a sua necessidade e mais profundos são os sofrimentos, o pavor e o desespero que o acometem, até que

você fica envolvido neles até o pescoço. E tudo o que você já conheceu, amou e reverenciou como belo e sagrado, toda a crença que você já teve na humanidade e em nosso elevado destino, de nada adiantou, perdeu seu valor e se desfez. Sua fé não encontra mais ar para respirar. E a asfixia é uma morte difícil. Não é verdade, Harry? Não é esse o seu destino?[45]

Harry aceita que não havia sentido em procurar um significado na vida. Com a ajuda de Hermínia, ele conclui que o significado só seria encontrado na eternidade. Então Harry não perderia mais tempo buscando um significado. O objetivo era viver a vida plenamente e aceitar os erros ao longo do caminho. Disse Hermínia: "Ah, Harry, nós temos que tropeçar, passar por tanta sujeira e humilhação antes de chegarmos ao destino. E não temos ninguém para nos guiar."[46] Harry se perdeu. Aceitou que não havia sentido em buscar significado nesta vida. Não havia moral ou verdade absoluta. Não negaria mais a si mesmo os prazeres que seu lado lobo precisava para sobreviver. É nesse momento que sua natureza de lobo assume o controle em *O Lobo da Estepe*.

Hermínia apresenta a Harry uma amante que o ensina sobre os desejos do mundo, que seu lado humano desprezava. Ele estava pronto para experimentar uma vida diferente e abandonar todos os padrões de julgamento. Harry e sua amante Maria saem para beber e dançar, usam alucinógenos e outras drogas e experimentam uma vida cheia de prazeres. Harry sente que não é mais um sonâmbulo pela vida. Ainda questiona o significado da existência, mas se envolve na experiência niilista ativa de construir um propósito enquanto vive.

Uma noite, depois de um baile, ele é convidado por um amigo, Pablo, para finalmente entrar no Teatro Mágico para loucos. Harry descobre o custo para entrar: "preço de admissão, sua mente".[47] Pablo diz a Harry que agora ele pode deixar a farsa da realidade para trás. Harry aceita que a realidade não existe para ser encontrada, mas está sim ao seu redor, dentro dele mesmo. No Teatro Mágico, ele passa por várias portas de diferentes realidades como parte de uma experiência de "sala de fuga".

Finalmente, ele pode criar sua própria realidade em cada uma dessas salas. Em uma delas, pode manipular fracassos do passado e recriar casos de amor, agora com finais felizes.

No final de *O Lobo da Estepe*, Harry passa pela última porta e encontra Hermínia e Pablo juntos como amantes. Por ciúme, Harry esfaqueia e mata Hermínia. Harry se sente culpado e espera que os deuses imortais o condenem à morte. Mas os deuses não julgam o crime que Harry cometeu. Eles zombam e riem da autopiedade de Harry por ter matado Hermínia. Dizem a Harry para abandonar a culpa. Explicam que sua punição é viver e rir apesar do que fez. Não havia sentido em levar a vida muito a sério agora. A salvação de Harry era seguir em frente e criar uma nova realidade. Sua tarefa era criar uma realidade em que o assassinato de Hermínia fosse justificável em sua mente. Afinal, ele só encontraria a verdade e o significado de tudo quando alcançasse a eternidade. Só então seria revelado para Harry "o sentido sagrado do além, da atemporalidade, de um mundo que tivesse um valor eterno".[48] Dessa forma, seu comportamento imprudente no agora era justificável.

O Lobo da Estepe retrata o caos perturbador na alma de uma pessoa que busca respostas sobre a existência. A resposta oferecida pelos "deuses" é voltada para um modo de vida niilista. Para eles, devemos continuar vivendo como se o tempo não importasse, não levando a vida a sério, pois o verdadeiro significado absoluto só existe na eternidade. Enquanto estivermos na Terra, temos de nos contentar com o significado que construímos para nós mesmos. Aceitar que a vida não tem significado torna-se uma condição para vivê-la plenamente. A solução é fingir que há significado quando sabemos que não há; ou fingir que não há significado quando sabemos que há. Dessa forma, podemos desconstruir todas as interpretações existentes do mundo e criar significados que nos absolva.

No auge da minha experiência pós-modernista, queria encontrar um valor eterno. O fardo de construir meus próprios padrões era pesado. Além disso, o pensamento crítico não permitia que eu confiasse nas minhas próprias escolhas. Fiquei no limbo mental por um tempo, sabendo que precisava tomar uma decisão, mas sem estímulo. Não tinha forças para buscar respostas. Sabia que precisava ler a Bíblia para sair da escuridão, mas temia questionar a Palavra de Deus ainda mais e iniciar uma caminhada interminável de autodesconstrução.

A minha visão de mundo tinha mudado. Me distanciei da fé cristã e não conseguia mais distinguir a verdade absoluta da mentira. Via o mundo com uma mentalidade pós-modernista que me prejudicava. Estava aprisionada no mundo que construí para mim mesma sem saber. Embora eu questionasse minha fé, fazia sem querer. Eu não concordava com os pensamentos, mas não conseguia impedi-los. Não conseguia defender a minha fé dos meus ataques mentais. Em Romanos 7:15 (NVI), Paulo compartilha um sentimento com o qual eu me identificava: "Não entendo o que estou fazendo. Pois não faço o que quero fazer, mas faço o que odeio". Perdi o contato com a realidade porque minha fé estava abalada. Os dois lados da minha mente estavam em luta. A minha mente subconsciente, condicionada por anos de exposição às ideias pós-modernas, me dizia: "Questione a sua fé". Meu lado consciente sabia que esse pensamento não era meu. Eu me recusava a aceitar a completa submissão ao modo relativista de ver o mundo. Quando o ceticismo tocou meu alicerce cristão, percebi o dano. Foi um alerta sobre a desconstrução da minha fé.

Como não conseguia ler a Bíblia, recorri a outras fontes para buscar uma solução. Eu me recusava a aceitar que continuaria sendo uma construção social, um fantoche das circunstâncias sociais. Queria encontrar evidências da verdade absoluta pois uma crença num mundo em que seres humanos constroem a verdade não fazia sentido para mim. Somos fracos e falíveis para termos uma responsabilidade tão grande sobre a realidade.

Tomei uma decisão quando não conseguia encontrar a verdade para guiar a minha vida. Ou eu agia e encontrava um padrão consistente de verdade ou continuava a cair cada vez mais na escuridão. Nos próximos capítulos, compartilho temas que me ajudaram a reconstruir minha crença na verdade absoluta, aproximando-me da crença na existência de um significado universal e de volta à fé cristã. O caminho que escolhi me levou de volta a Deus. E há apenas dois caminhos. Ou você escolhe passar pela porta larga, onde tudo é relativo e permitido, mas que leva à destruição, ou escolhe a porta estreita que leva à vida (Mt 7:13-14 [NVI]).

CAPÍTULO 17

A busca pela verdade absoluta, Parte I: Design Inteligente

Responde-me depressa, Senhor, pois o meu espírito está desfalecendo. Não esconda de mim o seu rosto, ou serei como aqueles que descem à cova. Que a manhã me traga notícias de seu amor inabalável, pois confio em ti. Mostra-me o caminho que devo seguir, pois a ti confio minha vida.

Salmo 143:7-8 (NVI)

Meu encontro com o conceito de design inteligente foi o primeiro passo para a reconstrução. Esse tema me ajudou a eliminar as lentes pós-modernistas e a substituí-las por uma visão de mundo centrada em Deus. Encontrei o livro *Design Inteligente*

(*Intelligent Design*),[49] escrito pelo matemático
William A. Dembski. Depois de ler mais sobre o
assunto, percebi que não encontraria um lugar
para Deus ou para a fé cristã se não mudasse
minha visão de mundo. Eu estava vivendo com
as lentes do pós-modernismo, olhando para a
realidade por meio de uma estrutura que
rejeitava a verdade absoluta. Nunca encontraria
a verdade de Deus porque minha mente fechou-
se para a fé, que não fazia mais parte da minha
teoria do mundo. Como encontraria a verdade
absoluta se esse conceito não existia mais na
minha vida? Abri os meus olhos e aceitei que
precisava partir do princípio de que Deus era
criador da verdade.

Uma abordagem baseada apenas na
lógica e na razão, como a visão de mundo
modernista, não me ajudaria a encontrar Deus e
Sua verdade. A lente pós-modernista baseada
numa visão subjetiva da realidade também não
me aproximaria da transcendência de Deus.
Ambas as abordagens atribuem um papel
inferior a Deus na realidade.

Como toda ideologia busca fornecer
explicações para assegurar a sua credibilidade,
o fato de muitas pessoas acreditarem em Deus

como criador exige que tanto o modernismo como o pós-modernismo forneçam explicações para essa crença, mesmo que considerem a crença em Deus incorreta. Precisam justificar por que algumas pessoas pensam dessa forma. Para o modernismo e o pós-modernismo, a fé em Deus é secundária (ou até irrelevante) para a compreensão do mundo. A perspectiva racional do modernismo rejeita o sobrenatural de Deus. Mas se o modernismo aceitasse a existência de Deus, diria que Deus é o criador que não interfere em Sua própria criação para não perturbar seus mecanismos perfeitos de causa e efeito.[50] Para os modernistas, se Deus criou o mundo, Ele permite que o mundo siga suas próprias regras naturais e não interfere. Quanto ao pós-modernismo, Deus só existe no grupo restrito de religiosos que construíram socialmente a crença de que Deus criou o mundo. Os pós-modernistas presumem que "crer num Deus criador" é apenas mais uma "verdade" que deve ser aceita como verdadeira assim como todas as outras verdades, mesmo que alguém discorde dela.

Para ambas essas visões de mundo, Deus não é a explicação para como o mundo funciona ou veio a existir. O modernismo tenta explicar a crença em Deus como "irracional", enquanto o pós-modernismo nem se importa em explicar pois adere ao pressuposto de que tudo é verdade. O design inteligente oferece outra abordagem, diferente dessas duas visões, mas requer propósito e intenção na busca de Deus e de Sua verdade. Para entender a abordagem do design inteligente, é preciso aceitar a possibilidade de que Deus existe como criador pleno da verdade absoluta.

A única teoria que reconhece o design inteligente é aquela que aceita a agência divina. O design inteligente identifica uma causa na criação e atribui a inferência do design a uma mente inteligente. Embora pareça um viés metafísico ou religioso, "o design inteligente é uma teoria científica com implicações teológicas".[51] Para entender o design inteligente, é preciso aceitar Deus como o criador. A abordagem racional do modernismo não aceita o design inteligente. Não reconhece a existência de um ser responsável pela criação de forma intencional. Só reconhece explicações que resultam de leis naturais aceitas pela comunidade científica. A teoria da evolução e a teoria física do *Big Bang* se enquadram nessa categoria. Descrevem a origem da vida como um evento aleatório, por acaso, e não por causa de um design inteligente e intencional. O pós-modernismo, por sua vez, evita fazer afirmações a favor ou contra a agência divina que estaria por trás de qualquer evidência da abordagem inteligente. Como o pós-modernismo aceita todas as teorias como possivelmente verdadeiras e rejeita generalizações, jamais validaria ou rejeitaria qualquer teoria específica sobre a origem da vida.

Em contraste, uma visão de mundo centrada em Deus procura propositalmente a mão do criador na busca por evidências de design. A teoria do design inteligente pergunta: "Se não for Deus, que outro ser inteligente teria criado o mundo e a realidade?". Postula-se que Deus é o criador sem a necessidade de provas, que aparecem somente para confirmar aquilo no que já se acredita.

No livro *Assinatura na célula (Signature in the Cell)*,[52] Stephen Meyer defende o design inteligente com base nas evidências do DNA humano. Meyer mostra como o código no DNA aponta para um propósito na criação em vez de processos casuais. Na natureza, há muitas ocorrências comumente atribuídas ao acaso mas que possuem específicas instruções para a sua existência. Para Meyer, eventos que possuem padrões discerníveis não devem ser considerados improváveis como é o caso do nosso DNA. É fácil aceitar que um único evento improvável possa ser atribuído ao acaso, como ganhar na loteria ou ser atingido por um raio. Entretanto, quando esses mesmos "eventos improváveis" acontecem com frequência e um padrão de ocorrência é identificado, eles não parecem mais aleatórios. Seria como ganhar na loteria várias vezes quando a chance é de 1 em 300 milhões. Meyer descreve como é altamente improvável que as sequências de DNA dos nossos genes tenham produzido por acaso as proteínas que conhecemos hoje. Como o DNA é a base da vida, se pudermos inferir o design inteligente na sua formação, podemos também inferir a criação intencional na vida humana.

O livro de Meyer procura responder à pergunta: "Como surgiram as informações especificadas no DNA"?[52] As sequências de DNA contêm as instruções necessárias para a existência da vida. Essas sequências fornecem as instruções necessárias para a produção de proteínas. Quando uma célula precisa de uma proteína, lê a sequência de DNA de um gene para produzir a proteína correspondente. Como há informações especificadas com instruções, os resultados não são aleatórios. Aleatoriedade significa uma sequência não especificada, a falta de um padrão e a ausência de design. Portanto, como argumenta Meyer, apenas "a presença de sequências ricas em informações especificadas, mesmo nos sistemas vivos mais simples, parece indicar um projeto inteligente". A ordem em que os genes são organizados determina quem somos. Todos os seres humanos têm a mesma ordem de genes. Não há acaso ou processo aleatório. Nossas sequências de DNA são 99% iguais. Nossa sequência de DNA é diferente da dos cães e de qualquer outro animal ou criatura viva. É plausível que somente uma mente inteligente possa ser considerada a causa desse nível de informação especificada - não aleatória.

Enquanto estudava sobre isso na minha fase de confusão existencial, pensei: "Se nenhuma teoria foi capaz de negar Deus e o pós-modernismo claramente não defende nada, por que o design inteligente pelas mãos de Deus não

seria a resposta sobre a existência?" A passagem
a seguir do livro *Assinatura na célula* mostra
uma linha de pensamento semelhante:

> Embora a teoria do design inteligente
> não prove a existência de Deus nem
> responda a todas as nossas questões
> existenciais, ela restabelece as condições
> de uma "busca de significado". O
> argumento a favor do design inteligente
> desafia a premissa do credo materialista
> e oferece a possibilidade de reverter a
> filosofia do desespero que dele decorre. A
> vida é o produto da mente; ela foi
> planejada, concebida, "prevista".
> Portanto, pode haver uma realidade por
> trás da matéria que vale a pena ser
> investigada.[53]

Eu concluí que se o design inteligente
fosse a resposta para a existência, seria
necessário um ser inteligente por trás da
criação. Concluí então que se isso fosse verdade,
Deus seria o responsável pela criação como seu
autor intencional e divino. Portanto, Deus,
como um ser transcendente e eterno, também

teria criado a verdade. Com base nisso, podemos crer que a formação intencional, os padrões para a criação e a existência de vida são fixos e absolutos. Não mudam de um dia para o outro, não são relativos ou dependem da vontade do homem. Os padrões da existência sempre foram e serão os mesmos. Dessa forma, a verdade sobre todas as coisas seria pré-existente e não apenas resultado de construções sociais.

A conciliação da ciência e da teologia foi o que mais me tocou em meu estudo do design inteligente. A ciência defende um argumento naturalista no qual somente as leis naturais operam no universo. Dembski, o autor de *Design Inteligente*, menciona que o poder explicativo do teísmo para a existência é bem maior do que o do naturalismo. É possível usar o conceito de Deus para explicar a natureza, mas o conceito de natureza por si só não pode ser usado para explicar Deus. O naturalismo vê a natureza como a realidade suprema. Por outro lado, "a tradição cristã afirma claramente que Deus é a realidade suprema e que a própria natureza é um ato criativo divino."[54] Portanto, como o design inteligente não pode ser excluído da ciência (já que a ciência não pode refutar

Deus), o teísmo tem maior poder explicativo como fonte da existência no âmbito científico. Dembski argumenta:

> Por que alguém escolheria entender o ato da criação de forma naturalista? O naturalismo oferece menos recursos do que o teísmo. O naturalismo simplesmente lhe dá a natureza. O teísmo oferece não apenas a natureza, mas também Deus e qualquer coisa fora da natureza que Deus possa ter criado. A ontologia do teísmo é muito mais rica do que a do naturalismo. Então, por que se contentar com menos?[55]

Nesse ponto da minha vida, embora ainda tivesse dúvidas, essas novas informações me traziam de volta ao meu núcleo cristão. Tive vislumbres de esperança impulsionados pela fé, que continuaram a me reconectar com a possibilidade da verdade absoluta. Agora sei que embora me sentisse perdida, Jesus nunca me abandonou. Era como a ovelha perdida da parábola de Lucas[15], mas Jesus me encontrou e me resgatou. Como Jesus diz em João 10:29

(NVI), "Meu Pai, que as deu a mim, é maior do que todos; ninguém pode arrebatá-las da mão de meu Pai". A Verdade estava sempre presente na minha vida.

CAPÍTULO 18

A busca pela verdade absoluta, Parte II: O significado do tempo

Sua palavra, Senhor, é eterna; ela
permanece firme nos céus.

Salmo 119:89 (NVI)

Em maio de 2017, recebi a notícia de que meu marido estava com leucemia em estágio avançado. Ele faleceu em agosto do mesmo ano. Em respeito à sua memória, não falarei sobre a sua vida, mas compartilharei como a sua morte me afetou. Ao vê-lo se desconectar lentamente deste mundo, questionei ainda mais a existência. Não sabia se havia sentido na vida. Questionava se valia a pena viver. Lembro-me do peso que senti no hospital logo após a sua morte. *Onde está a alma dele? Para onde ela foi?* Não sabia como seria minha vida agora que ele havia partido, e não aceitava que a vida era apenas isso. A morte não podia ser o fim.

Enquanto tentava encaixar a morte em minha busca pela verdade, continuei procurando respostas. Deparei-me com uma citação sobre o luto: "Agora ele partiu deste mundo estranho um pouco antes de mim. Isso não significa nada. Pessoas como nós (...) sabem que a distinção entre passado, presente e futuro é apenas uma ilusão teimosa e persistente." Albert Einstein escreveu esse trecho numa carta para a família de seu amigo Michele Besso, que faleceu em 1955. Essa citação me levou à cosmologia, ciência que estuda a origem do universo. Se eu quisesse conhecer a plausibilidade da verdade absoluta, por que não explorar o início de tudo?[1]

Para Einstein e muitos físicos contemporâneos, nossa realidade é atemporal.

---

[1] O que descrevo a seguir é a minha interpretação. Peço ao leitor que se esse tópico o interessa e minhas observações e conclusões fazem sentido, pesquise um pouco mais sobre o assunto para aprender diretamente dos especialistas.

A realidade existe, mas o fluxo do tempo e o passar das horas que percebemos não existe. O argumento é que a percepção do curso do tempo depende do ponto de referência e da localização da pessoa. A maioria entende o tempo como uma passagem do passado para o futuro em segundos, minutos e horas. A alternativa a esse ponto de vista é ver a seta do tempo como uma ilusão, na qual presente, passado e futuro acontecem ao mesmo tempo. Nessa interpretação, o universo é atemporal. A realidade simplesmente existe.

Se o fluxo do tempo não existe e a realidade plena é atemporal, então deve existir também uma verdade universal e absoluta (nem que seja só a verdade que estabelece que o mundo funciona dessa forma). Essa verdade não seria resultado da percepção de cada um ou uma construção social que depende do tempo e do espaço. Do ponto de vista atemporal, alguma verdade deve existir independente do passar do tempo. Nesse cenário, o passado não forma o nosso futuro, mas existe com ele. Na visão tradicional do tempo, experiências vividas que nos moldam estariam no passado humano. Mas nessa outra forma de pensar de acordo com a física, o passado, presente e futuro são considerados igualmente reais ao mesmo tempo.

Fiquei intrigada com essa noção contraintuitiva sobre o tempo. Não sou especialista em física teórica, mas fiz o possível para entender o assunto. Comecei a conectar informações de várias fontes para lidar com o luto e a falta de sentido. Acrescentei de forma intencional a ideia de Deus nas minhas interpretações e análises. Se quisesse encontrar a verdade novamente, Deus precisava ser uma parte central da minha interpretação da realidade. Parti do pressuposto de que Deus estava lá. Ele seria a força orientadora da minha visão de mundo, minha lente e minha bússola.

Se a passagem do tempo era uma ilusão, eu me perguntei como Deus percebia o tempo. Esperava que isso me levasse a mais confirmações sobre a verdade absoluta. Se eu acreditasse na ausência do tempo e no conceito de eternidade, então aceitaria que a verdade absoluta existe, uma verdade que também é eterna e sem fim. Isso me ajudaria a confrontar o conceito de construção social como fonte da verdade. Um Deus atemporal criaria uma

verdade duradoura e valores universais. Ele não
criaria verdades e padrões relativos que podem
mudar a qualquer instante. Seria contra a sua
natureza eterna. Como está escrito no Salmo
119:160 (NVI), "A soma da tua palavra é a
verdade, e cada uma das tuas regras justas dura
para sempre". Em minha exploração, decidi
partir do princípio de que Deus era o criador da
realidade e da verdade. Restava entender sua
natureza eterna e atemporal.

Eu sabia pela Bíblia que o conceito de
tempo para Deus é diferente do nosso. De
acordo com o Salmo 90:4 (NVI), "Mil anos aos
teus olhos são como um dia que acaba de passar,
ou como uma vigília da noite". Deus não está
limitado pelas leis do nosso universo. Ele é
atemporal e eterno: "...de eternidade a
eternidade tu és Deus (Sl 90:2 [NVI]). Então me
perguntei: "Se Deus é atemporal, como Ele vê
nossa realidade em que o tempo parece fluir?".
Entendi que Deus vê a realidade humana de
forma diferente.

Na teoria especial da relatividade de
Einstein, ele propôs que o tempo é apenas um
elemento do espaço-tempo, onde eventos
passados, presentes e futuros se sobrepõem. Na

"teoria do universo em blocos", o espaço-tempo representa um bloco de 4 dimensões, no qual o tempo não flui e todos os eventos são igualmente reais. Passado, presente e futuro já existem nesse bloco. Essa abordagem também é conhecida como *eternalismo*. O bloco tem todas as localizações do espaço e todas as possibilidades de tempo no Universo. Funciona como as coordenadas de latitude e longitude usadas para descrever a posição de um objeto no mapa. Além das três coordenadas de um bloco tridimensional (x, y, z), o espaço-tempo também inclui o tempo como a quarta dimensão. O bloco espaço-tempo contém todos os eventos que já aconteceram, estão acontecendo hoje e acontecerão no futuro. O físico teórico e matemático Brian Greene explica a atemporalidade do espaço-tempo em *A Fábrica do Cosmos (The Fabric of the Cosmos):*

> Nessa forma de pensar, os eventos simplesmente são. Existem independente do momento em que ocorrem. Ocupam eternamente seu ponto específico no espaço-tempo. Não há fluxo do tempo. Se você estava se

divertindo muito ao bater da meia-noite na véspera do Ano Novo de 1999, ainda está lá, pois esse é apenas um local imutável no espaço-tempo. Todos os momentos são eternos. É difícil aceitar essa descrição, já que nossa visão de mundo faz uma distinção clara entre o passado, o presente e o futuro. Mas se olharmos atentamente para essa estrutura temporal que nos é familiar e a confrontarmos com os fatos duros e frios da física moderna, o único lugar de refúgio em que essa estrutura faz sentido parece ser dentro da mente humana.[56]

Ao ler sobre isso, pensei que Deus estaria olhando para o bloco espaço-tempo de fora da nossa realidade, como para uma maquete de 4 dimensões em que os objetos se movem. Sabemos que Deus é onisciente e onipresente, então vê de forma simultânea todos os eventos do passado ao futuro da humanidade. Não vemos a realidade como Deus e por isso não sabemos o futuro, mesmo que eventos futuros já existam. De acordo com essa teoria, ainda não alcançamos fisicamente a coordenada do futuro, mesmo que já exista. Como ainda não chegamos até lá, o evento futuro não entrou em nossa consciência e memória. O nosso futuro já existe independente de nós, mas ainda não o experimentamos.

A memória está diretamente relacionada a nossa percepção do tempo. Faz com que vejamos o tempo como algo que flui do passado para o presente e para o futuro. Por meio da consciência, as experiências vividas são combinadas em sequência, criando memórias ordenadas no cérebro que podemos rastrear na lembrança e que associamos com o termo "passado". O que sentimos como "fluxo do tempo" resulta de nossa consciência se movendo pelo universo espaço-tempo à medida que fazemos nossas escolhas em uma ordem específica.

Como Brian Greene explica em *A Fábrica do Cosmos*, nossas memórias nos permitem compartimentar como "passado" as coordenadas de espaço-tempo que já visitamos:

> A sensação de fluxo de um momento para o outro surge de nosso reconhecimento consciente da mudança em nossos

pensamentos, sentimentos e percepções. E a sequência de mudanças parece ter um movimento contínuo; parece se desdobrar em uma história coerente.[57]

Esse conceito é como uma pessoa que não se lembra de um lugar que nunca visitou (algo que existe apenas no seu "futuro"). Ela sabe que o lugar existe, só que ainda não esteve lá. Portanto, ela não tem nenhuma lembrança pessoal do lugar, mas sabe que o lugar existe. Do ponto de vista do design inteligente, essa é a maneira como fomos criados biologicamente para entender a realidade. Deus nos criou dessa forma para solidificar nosso relacionamento com Ele, pois não conhecer o futuro nos faz depender de Deus.

Lembramos de eventos que vivemos porque podemos acessar nossas memórias, fazendo com que pareça que estejam no passado. Para nós, a vida é como assistir a um filme feito de imagens estáticas combinadas em sequência para criar uma ilusão de fluxo de tempo. Filmes antigos eram feitos assim com o uso de um projetor no qual várias imagens passavam de uma para outra em alta velocidade criando a ilusão de movimento. De acordo com a teoria do espaço-tempo, imagens estáticas são os momentos únicos e isolados de nossa experiência. Tais momentos formam uma história por meio de nossa consciência que os coloca em sequência.

Se saíssemos de nós mesmos e olhássemos para o espaço-tempo (como Deus) de fora para dentro, veríamos todas essas imagens da vida expostas ali, todas as experiências acontecendo ao mesmo tempo. As imagens abaixo, de um atleta saltando sobre um obstáculo, mostram as duas percepções de tempo.

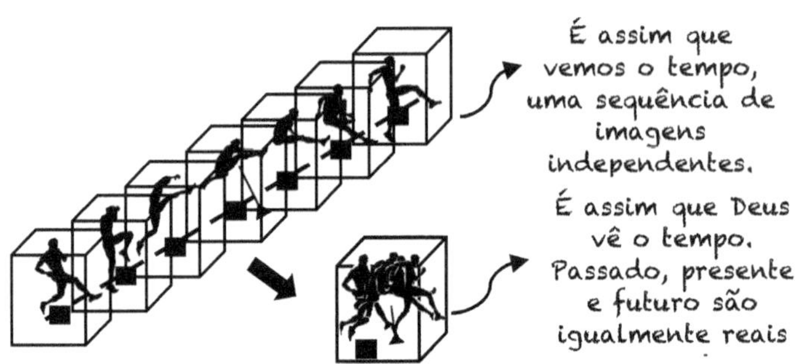

Figura 1 - Percepção do tempo no universo do bloco espaço-tempo [58]

Ao vivenciar o luto, a noção de uma realidade atemporal me deu esperança pois em algum lugar e tempo já teria superado esse capítulo da minha vida. No entanto, pensei, "se o futuro já existe, será que ele já foi determinado e estou apenas seguindo rumo a ele, ou será que minha escolha hoje influencia o que irá acontecer? Será que tenho livre-arbítrio?" Na visão de Deus que é onisciente, o futuro já existe porque minha escolha já aconteceu e Deus a conhece. Na visão humana, Deus nos deu a capacidade de escolher entre o bem e o mal, entre o certo e o errado. A nossa escolha hoje determina onde estaremos amanhã, mesmo que Deus já a conheça.

Foi após essa reflexão que entendi que Deus não só nos deu a capacidade de escolher, mas também nos deu um padrão de julgamento externo para nossas ações. Com base nesse padrão universal decidimos que caminho seguir, ou seja, para qual coordenada no espaço-tempo iremos. Como Deus é atemporal, seus padrões e valores, registrados na Bíblia, também são. Os padrões atemporais de Deus representam a verdade absoluta, eterna e imutável.

Deus nos deu a capacidade de escolher entre o certo e o errado. Nos deu também a verdade absoluta como um padrão universal de julgamento para nossas ações. Se a escolha entre o certo e o errado não importasse, não haveria necessidade de um valor universal com base no qual julgar as nossas ações. Para que então precisaríamos de algo como a Bíblia como direção normativa das escolhas?

A retidão das escolhas se baseia em um padrão universal de moralidade, que é maior do que nós. Em *Cristianismo puro e simples (Mere Christianity)*, C.S. Lewis descreve esse conceito como a Moralidade Real:

> No momento em que você diz que um conjunto de ideias morais pode ser melhor do que outro, você está, de fato, medindo ambos por um padrão universal, dizendo que um deles está em maior conformidade com esse padrão do que o outro. Mas o padrão que mede duas coisas é algo diferente. Você está, de fato, comparando ambas com alguma Moralidade Real.[59]

Deus nos deu a capacidade de escolher. Para saber se a nossa escolha é certa ou errada, precisamos ter um padrão externo absoluto com base no qual a escolha será julgada, que é a Moralidade Real, ou a verdade absoluta.

Se eu for responsável por decidir o certo e o errado, entrarei num espiral sem fim de indecisão. Precisamos da verdade universal, da Moralidade Real. Toda escolha traz felicidade ou infelicidade, satisfação ou insatisfação. Você poderia concluir que se estiver feliz, fez a escolha certa, mas se ficar infeliz, fez a escolha errada. Mas também pode aceitar que algumas escolhas certas o deixará triste, como algumas escolhas erradas o deixará satisfeito. Portanto, concordamos que há uma diferença entre o certo e o errado, o bom e o ruim, o que indica um valor de julgamento. Mas como saber se as escolhas são certas em geral. Não podemos confiar nas emoções como padrão de julgamento. Se o mundo me diz que tudo é correto de acordo com o meu próprio ponto de vista, como orientar as minhas próprias escolhas?

Para que Deus tenha nos dado esse padrão atemporal, precisamos ter livre-arbítrio e capacidade de escolha; caso contrário, um valor universal seria irrelevante. Todas as escolhas seriam válidas e corretas. No entanto, a Bíblia é clara em Deuteronômio 30:19 (NVI) sobre como escolhas podem afetar o futuro:

> Neste dia, chamo os céus e a terra como testemunhas contra vocês, pois coloquei diante de vocês a vida e a morte, as bênçãos e as maldições. Agora escolham a vida, para que vocês e seus filhos possam viver.

O que acontece no espaço-tempo influencia para onde iremos em seguida no "futuro". Dentro do bloco reside o universo inteiro, todas as nossas escolhas e da sociedade, o passado, o presente e o futuro. Portanto, há uma alta complexidade na malha do bloco entre todos os objetos que se influenciam constantemente em todas as direções. Essa interconexão contínua entre vários objetos influencia as nossas escolhas. O bloco representa a vida.

Imagine então a quantidade de seres vivos interagindo simultaneamente no espaço-tempo da terra, influenciando uns aos outros nas suas escolhas e ações. Esse cenário torna a previsibilidade algo difícil. Como nos deparamos com situações imprevisíveis diariamente, precisamos de um padrão para sabermos fazer a escolha certa. Esse padrão, que hoje creio ser essencial à estabilidade do nosso mundo, é a verdade absoluta.

Na época que comecei a estudar sobre esse assunto, tentava alcançar a realidade de Deus, encontrar um vislumbre da sua transcendência, do absoluto, para que pudesse acreditar na verdade novamente. Pensar no conceito de tempo me deu esperança. Ao usar uma estrutura mental que colocava Deus no centro, busquei entender o conceito de tempo sob a perspectiva de Deus. Se Deus era atemporal, então a verdade também era.

Ninguém pode explicar com certeza por que percebemos o fluxo do tempo como algo que passa. Diz-se que a percepção do tempo é subjetiva,[60] relacionada a nossa consciência. O fato de envelhecermos também contribui para a percepção da seta do tempo. Nosso relógio biológico funciona independente da atemporalidade do espaço-tempo. Não vivemos para sempre no espaço-tempo. Esse bloco segue as leis da física e da nossa humanidade. Quando virarmos espírito, a realidade espiritual regerá a nossa vida. Nosso corpo e consciência humana são independentes da natureza eterna e imutável do bloco. O fato de envelhecermos é independente da coleção de momentos estáticos no espaço-tempo.

Pelas lentes do cristianismo, concluí que Deus não quer que conheçamos o "futuro". De acordo com a teoria de Einstein, definimos "futuro" como algo que vai acontecer, quando é apenas um lugar que ainda não visitamos. Também podemos dizer que o "futuro" é a "coordenada do espaço-tempo" à qual não temos acesso. Conhecer o futuro antes da hora nos distanciaria de Deus. Dependemos de Deus pois não conhecemos o dia de amanhã, o que mantém a esperança viva. Em Romanos 8, o apóstolo Paulo enfatiza que nossa salvação se baseia na esperança. Aguardamos ansiosamente o dia de nossa adoção à condição de filhos e a redenção de nosso corpo (Rm 8:23). Como ele escreve: "Porque nesta esperança fomos salvos. Mas a esperança que se vê não é esperança alguma. Quem espera o que já tem? Mas, se esperamos o que ainda não temos, com paciência o aguardamos" (Rm 8: 24-25 [NVI]).

Paul Davies, físico inglês, escreveu em 2014 um artigo de título *A passagem do tempo é provavelmente uma ilusão (Times Passage is Probably an Illusion)*[61]. Paul Davies também é autor de *Sobre o tempo (About Time)* e *A mente de Deus (The Mind of God)*. No artigo sobre a ilusão da passagem do tempo, ele diz que se a seta do tempo não existisse, nosso mundo seria bem diferente:

> Talvez não nos preocuparíamos com o futuro ou nos lamentaríamos pelo passado. A preocupação com a morte seria tão irrelevante quanto a preocupação com o nascimento. A expectativa e a nostalgia deixariam de fazer parte do vocabulário humano.

O conhecimento do futuro apagaria motivos pelos quais hoje buscamos a Deus, como preocupações e medo do desconhecido. Se conhecêssemos o "futuro", nossa ideia de esperança se dissiparia e não haveria a necessidade de ter fé, pois "a fé é a confiança naquilo que esperamos e a certeza daquilo que não vemos" (Hb 11:1 [NVI]).

Na compreensão humana do tempo, a esperança está relacionada à falta de conhecimento sobre eventos temporais no futuro. Dessa forma, saber o futuro e ver o mundo como Deus anularia a fé. E sem fé não podemos agradar a Deus (Hb 11:6 [NVI]). Deus espera que dependamos Dele em relação ao futuro, mesmo que Ele já o conheça.

Na teoria do espaço-tempo, o futuro está numa coordenada que ainda não visitamos. Nossa escolha futura e as respostas de Deus já aconteceram em outra coordenada. Deus vê tudo acontecer ao mesmo tempo, tanto o hoje como o amanhã. Há infinitas possibilidades no espaço-tempo. Quando escolhemos um caminho em particular, Deus sabe nossa escolha antes mesmo de acontecer.

***

Antes eu me via como uma construção social, presumindo que poderia criar meus próprios valores e padrões. Mas decidi acreditar em algo diferente para seguir adiante. Eu estava

decidida a trocar minha lente pós-modernista
por uma que reconhecesse a existência de
significados absolutos atemporais. Para fazer
isso, eu não podia acreditar em um Deus
vinculado ao conceito de tempo. Deus é
imutável. Uma mudança requer a passagem do
tempo. Para que algo mude, seu estado anterior
não pode ser o mesmo que o futuro. No entanto,
a Bíblia diz que Deus não muda; portanto, seus
decretos e determinações permanecem
inalterados com o tempo. "Mas você permanece
o mesmo, e seus anos nunca terminarão" (Sl
102:27 [NVI]). A verdade, como uma das
determinações de Deus, também é eterna.
Depois de absorver essa perspectiva sobre o
tempo, aprendi o verdadeiro significado da
verdade absoluta. Significa eterna e atemporal.
A menos que acreditemos em Deus, o conceito
de verdade absoluta não significa nada.

Os seres humanos precisam do conceito
de tempo para entender o mundo. O tempo é
uma construção que nos leva a uma abordagem
"carpe diem" da vida, aproveitando ao máximo
o dia de hoje e esquecendo as consequências do
amanhã. Quando consideramos nosso curto
tempo de vida em comparação com a eternidade

e rejeitamos a existência de absolutos, nos sentimos livres para fazer o que quisermos. Esperar que Deus nos mostre o caminho pode parecer perda de tempo, então nos apressamos em construir nossa própria vida. Mas há uma realidade lá fora, independente de nós. É uma realidade eterna, e é a realidade de Deus. A verdade de Deus permanece para sempre, apesar de nossos esforços para construir socialmente nossos significados e identidades. E a verdade de Deus é Jesus: "Eu sou o caminho, a verdade e a vida. Ninguém vem ao Pai senão por mim (João 14:6 [NVI]). Ele é a Verdade absoluta que permanece para sempre: "Jesus Cristo é o mesmo ontem, hoje e eternamente" (Hb 13:8 [NVI]). Para conhecer a Verdade é preciso conhecê-lo.

CAPÍTULO 19

A busca pela verdade absoluta, Parte III: A eternidade no coração

Estou convencido de que nem a morte nem a vida, nem os anjos nem os demônios, nem o presente nem o futuro, nem quaisquer poderes, nem a altura nem a profundidade, nem qualquer outra coisa em toda a criação será capaz de nos separar do amor de Deus que está em Cristo Jesus, nosso Senhor.

Romanos 8:38-39 (NVI)

Depois de quatro anos morando nos Estados Unidos, retornei ao Brasil por alguns meses em 2018. Pensei que uma mudança de cenário me ajudaria a escapar de meus pensamentos. Isso não aconteceu. A visita foi maravilhosa, mas a sensação de vazio ainda estava lá. Passei a maior parte do tempo com a minha família e minhas cadelas, Zoe e Marlo. Não ajudou o fato de que alguns dias após minha chegada, torci o tornozelo, limitando as minhas atividades. Eu tinha mais tempo do que nunca para pensar sobre o que acontecia na minha mente.

Não tive um momento de "eureca" em que percebi que tudo fazia sentido. Mas os últimos anos e as informações que eu absorvi com a mentalidade centrada no propósito de Deus estavam lentamente reconstruindo minha fé na verdade absoluta. Minha desconstrução aconteceu gradualmente, assim como a minha reconstrução.

Comecei a perceber que a verdade absoluta de Deus fazia sentido. Tudo no mundo, desde o design inteligente até a atemporalidade do universo, apontava para a verdade imutável e indiscutível de Deus. Essa verdade não depende do que pensamos ou sentimos. Como poderia Deus, um ser de natureza atemporal, ter criado um mundo que gira em torno da verdade relativa? Não fazia sentido. A verdade relativa é criada pelo homem. A verdade de Deus permanece para sempre. Eu tinha que acreditar na verdade absoluta antes de encontrá-la.

Quando meu voo aterrissou nos Estados Unidos após minha estada no Brasil, aluguei um carro em Miami e dirigi de volta à Carolina do Sul. No caminho de volta, lembro-me claramente de ter passado pelo que alguns chamam de experiência de transcendência. Senti uma paz e uma leveza. Era uma mistura de felicidade e serenidade. Eu sabia que aquela sensação de bem-estar não vinha de dentro de mim porque o mundo ao meu redor era caótico. Não fazia sentido eu sentir tanta paz. Éramos apenas eu e minhas cadelas voltando a Myrtle Beach para recomeçar a vida. Lembrava-me de Filipenses 4:7 (NVI): "E a paz de Deus, que excede todo o entendimento, guardará o coração e a mente de vocês em Cristo Jesus."

Durante todo esse tempo, eu tinha buscado razões e fatos para me convencer logicamente a acreditar. No entanto Filipenses 4:7 acrescentou uma palavra nova: coração. Provérbios 3:5 (NVI) nos aconselha a confiar no Senhor de todo o coração e a não nos apoiarmos em nossas próprias interpretações, que é exatamente o que o pós-modernismo aconselha.

A Bíblia também diz: "O coração é enganoso acima de todas as coisas e não tem cura. Quem o pode entender?" (Jr 17:9 [NVI]).

O coração humano é uma das maiores evidências de que precisamos de um padrão universal para orientar a vida. Refiro-me às decisões emocionais que tanto influenciam as nossas escolhas. Deus nos formou com um mecanismo físico e emocional que nos leva a depender Dele. Na tomada de decisão entre o certo e o errado geralmente seguimos as emoções, que muitas vezes nos leva ao caminho errado. Dependemos do padrão universal de Deus para nos guiar no caminho certo.

Na minha experiência com o pós-modernismo, permiti que as emoções me controlassem por meio da dúvida. As emoções são responsáveis pelo nosso mecanismo de sobrevivência alojado no subconsciente e ativado por reações fisiológicas no corpo. Direciona a reação "lutar ou fugir" quando nos deparamos com o perigo. O coração está diretamente relacionado ao subconsciente. Nele armazenamos emoções e memórias, como a felicidade e o entusiasmo, mas também a dúvida, os medos, traumas, inseguranças e arrependimentos. Por outro lado, a razão exige esforço consciente e não é impulsiva como as respostas emocionais. Quando pensamos de forma consciente, a razão nos leva a pesar os prós e os contras e nos ajuda a controlar o impulso.

Fomos projetados com esse mecanismo instintivo de sobrevivência armazenado no subconsciente. Ele é responsável pelas reações automáticas, desde o funcionamento dos órgãos e respiração até as respostas comportamentais moldadas por experiências. O subconsciente armazena as respostas intuitivas, que raramente são questionadas, mas às vezes imprecisas. Se uma experiência nos deixa triste, a emoção da tristeza será associada a essa e a outras experiências semelhantes na memória. Sempre que pensarmos nisso ou passarmos por algo semelhante, o subconsciente acionará a tristeza. Essa previsibilidade do que está gravado no subconsciente e no coração por meio da memória também pode nos impedir de experimentar algo novo que traria um resultado feliz. Se confiarmos no coração, as decisões podem ser incorretas. Podemos sabotar o nosso bem-estar ao confiar cegamente nas emoções do coração.

Isso também funciona de forma inversa quando buscamos experiências por causa do sentimento positivo que elas trazem. Podemos associar uma emoção positiva, como felicidade e entusiasmo, a uma experiência autodestrutiva. Toda vez que essa experiência ou pensamento ocorre, a emoção da felicidade é acionada, o que nos leva a buscar essa experiência ainda mais porque a felicidade nos faz sentir bem. Um ciclo vicioso nem sempre funciona a nosso favor se a experiência for prejudicial, como o uso das drogas ou a dependência ao álcool. O sentimento de satisfação não é sempre proveitoso.

Aprendi sobre o funcionamento da mente no livro *O poder do subconsciente* (The *Power of Your Subconscious Mind)*[62] de Joseph Murphy e em *Rápido e devagar: duas formas de pensar (Thinking, Fast and Slow),*[63] livro de Daniel Kahneman. Uma compreensão básica da interação entre a mente consciente e subconsciente me ajudou a entender como é fisicamente possível tomar decisões erradas se confiarmos em nossas interpretações e percepções. O coração é enganoso, especialmente o coração endurecido.

As respostas emocionais estão programadas na mente de forma rígida. Elas nos impedem ou nos impulsionam a agir. Estão solidificadas no subconsciente e resultam na previsibilidade do comportamento. É preciso um esforço consciente para mudar e reprogramar as crenças. Um coração endurecido tem crenças sólidas e difíceis de mudar. Se aprendemos o padrão errado de comportamento, não é fácil controlar as respostas instintivas e reprogramar a mente para aprender o comportamento correto. As respostas emocionais e os hábitos começam a ser programados desde cedo e persistem por toda a vida. Simplesmente aceitar que "as coisas são como são" e não fazer nada para encontrar a verdade absoluta é como viver na escuridão total. Se você caminha no escuro sem um guia, não sabe para onde vai. Suas decisões e escolhas são aleatórias. Em Efésios 4:18 (NVI) o apóstolo Paulo faz um apelo à igreja cristã contra a confiança em seus próprios caminhos: "Eles estão obscurecidos em seu entendimento e separados da vida de Deus por causa da ignorância que há neles devido ao endurecimento de seus corações." O coração fechado, que se recusa a ser remodelado, vive na escuridão e não aceita a existência de uma verdade absoluta. Na escuridão nenhuma luz brilha sobre a verdade para mostrar o caminho que devemos seguir.

Deus, porém, nos dá a verdade em Jesus, que ilumina os caminhos corretos. Jesus é o nosso padrão eterno: "Eu sou a luz do mundo. Quem me segue nunca andará em trevas, mas terá a luz da vida" (João 8:12 [NVI]). A única maneira de conhecer a verdade absoluta é conhecendo Jesus Cristo. Um Deus onisciente criou a verdade absoluta e está pronto para nos guiar por causa de Seu amor por nós. Como está escrito no Salmo 32:8: "Eu o instruirei e o ensinarei no caminho que você deve seguir; eu o aconselharei com o meu olhar amoroso sobre você." A Palavra de Deus é o guia que revela Sua verdade absoluta. Assim está escrito em Hebreus 4:12 (NVI):

> Porque a palavra de Deus é viva e eficaz, mais penetrante do que qualquer espada de dois gumes, que penetra até a divisão

da alma e do espírito, das juntas e medulas, e discerne os pensamentos e intenções do coração.

Deus nos deu uma consciência inata de algo eterno: "Ele também colocou a eternidade no coração do homem, mas ninguém pode entender o que Deus fez do começo ao fim" (Ecl 3:11 [NVI]). Independente da nossa família, sociedade ou cultura, nascemos com princípios universais inerentes ao nosso código de sobrevivência. Em *A Abolição do homem (The Abolition of Man)*[64], C.S. Lewis explica que a doutrina do valor universal é acreditar que certas atitudes são realmente verdadeiras, e outras realmente falsas sobre o universo e o que somos. C.S. Lewis chama esse conceito de "o Tao". Para ele o Tao contém princípios irrefutáveis como justiça, humanidade, veracidade e a autopreservação, bem como o cuidado pela família, os idosos e as crianças. Ele diz também que somente aqueles que praticam o Tao e estão nele podem entendê-lo.

Mesmo que as circunstâncias ao nosso redor nos levem a negar a existência de leis universais de comportamento e a adotar o relativismo moral, a semente da verdade ainda está dentro de nós. Talvez não tenhamos consciência disso e tenhamos perdido contato com o nosso eu interior devido ao condicionamento social. Em *A Abolição do homem*, C.S. Lewis chama de Inovadores aqueles que negam o conceito de valor universal, pois criam uma realidade onde tudo o que querem é permitido, e o que não querem é rejeitado. É uma realidade conveniente, mas falsa.

A única maneira de encontrar valores universais é abrandando o coração e buscando a verdade de Deus: "Darei a vocês um coração novo e porei em vocês um espírito novo; removerei de vocês o coração de pedra e lhes darei um coração de carne" (Ezequiel 36:26 [NVI]).

Deus quer revelar sua verdade a nós, mas precisamos buscá-la e desistir de criar a nossa própria realidade. Deus tem planos para nós, mas também nos deu o livre arbítrio para escolhermos nosso próprio caminho. Se entregarmos nossa vida a Ele, o único que conhece o futuro nos guiará:

Pois conheço os planos que tenho para vocês", declara o Senhor, "planos para prosperá-los e não para prejudicá-los, planos para dar-lhes esperança e um futuro. Então vocês me invocarão, virão e orarão a mim, e eu os ouvirei. Você me buscará e me encontrará quando me buscar de todo o seu coração. Eu serei encontrado por vocês", declara o Senhor (Jr 29: 11-14 [NVI]).

Durante a experiência com o pós-modernismo, reaprendi o significado da fé. É "a convicção de coisas que não se veem" (Hb 11:1 [NVI]). Mas o que significa "coisas que não se veem..."? A Bíblia explica que o invisível é o eterno: "Portanto, não fixamos nossos olhos no que se vê, mas no que não se vê, pois o que se vê é transitório, mas o que não se vê é eterno" (2 Co 4:18 [NVI]). A Bíblia também diz que a fé é uma convicção que "não se apoia na sabedoria humana, mas no poder de Deus" (1 Co 2:5 [NVI]). Portanto, nossas crenças não podem se basear em entendimentos transitórios, mas na verdade eterna.

Eterno significa existir para sempre, sem fim ou começo. Esse é o significado da verdade absoluta. Enquanto a verdade relativista do pós-modernismo é temporária e sempre muda, a verdade absoluta é permanente e eterna. A verdade absoluta não é algo que você provavelmente aceitará apenas por meio do raciocínio. Você a aceita por meio da fé, e a fé vem do coração. Como está escrito em Hebreus 10:22 (NVI):

> Aproximemo-nos de Deus com um coração sincero e com a plena certeza que a fé traz, tendo o coração aspergido para nos purificar de uma consciência culpada e tendo o corpo lavado com água pura.

Há uma relação direta entre a fé e o coração. É meu entendimento genuíno que a semente da verdade absoluta de Deus está em nosso coração. Se a fé dependesse de nossa mente consciente, ela exigiria sabedoria humana. A sabedoria humana nos leva a contemplar o mundo por meio do raciocínio. Tentamos dar sentido lógico ao mundo e acabamos por questioná-lo. A sabedoria de

Deus não funciona assim: "Mas Deus escolheu as coisas loucas do mundo para envergonhar os sábios; Deus escolheu as coisas fracas do mundo para envergonhar os fortes" (1 Co. 1:27 [NVI]). Todos nós podemos chegar a momentos em que perdemos o contato com a fé, principalmente quando o coração endurece. Podemos nos tornar incapazes de acreditar no invisível e na verdade eterna de Deus. Nesses momentos, podemos confiar em Jesus para nos lembrar da fé: "E corramos com perseverança a carreira que nos está proposta, fixando os olhos em Jesus, pioneiro e consumador da fé" (Hb 12:1-2 [NVI]). Foi a minha dependência na sabedoria humana, no conhecimento e no pensamento crítico que me levou ao pós-modernismo. Em questões de verdade absoluta e princípios universais, aprendi a não mais questionar. Agora quero apenas acreditar, de todo o meu coração.

CAPÍTULO 20

O que aprendi sobre a realidade

Que homem miserável eu sou! Quem me resgatará deste corpo que está sujeito à morte? Graças a Deus, que me livra por meio de Jesus Cristo, nosso Senhor!

Romanos 7: 24-25 (NVI)

Minha experiência com o pós-modernismo subverteu os meus pensamentos. Por outro lado, aprendi que os seres humanos de fato constroem as suas verdades. Faz parte da vida. A construção social é real, como também a desconstrução social. A liberdade de criar a verdade pode parecer fortalecedora para alguns (*"empowering"* no inglês). Foi sobre isso que ouvi e li, mas não foi que aconteceu comigo. Minha experiência com esse "poder" foi desgastante, sombria e vazia. Alguns podem dizer que não consegui criar minha própria verdade e perdi a oportunidade de ser livre. Mas não acho que tenha fracassado. Expandi minha visão e aprendi que há duas formas de entender o mundo: uma em que existem várias verdades, e outra em que a verdade absoluta é o único padrão de vida. Escolhi acreditar na segunda. Valeu a pena passar por tudo isso para saber que há dois lados e saber que fiz a escolha certa. Decidi não abraçar a "liberdade" criativa de viver num mundo onde a verdade absoluta não existe. Percebi que mesmo que optasse por viver com base em verdades circunstanciais, a sociedade ainda ditaria a minha percepção da realidade por meio do condicionamento social. Sempre há alguém no controle. Viver "livremente" seria uma experiência interminável de criar a verdade e depois desconstruí-la novamente. Em vez de aderir a esse modo de vida exaustivo que não leva a nada, concentrei-me em descobrir o que é real.

Criar a "verdade" é uma técnica de fuga quando o fardo da busca se torna exaustivo. C.S.

Lewis escreveu certa vez que mentiras poderosas sempre são baseadas na verdade para garantir uma forma de legitimidade aos seus argumentos.[65] Ele também escreveu que quando você mistura um pouco de verdade, a mentira se torna mais forte.[66] A verdade socialmente construída é uma representação da capacidade humana de inventar histórias falsas sobre o mundo e o que somos. É verdade que podemos criar uma sub-realidade por meio do livre arbítrio. Afinal, fazemos escolhas e temos opiniões pessoais. Entretanto, essas "verdades" que criamos por meio da subjetividade não são a realidade. Embora tentemos criar verdades que justifiquem as nossas escolhas, isso não muda a realidade de Deus que existe externamente a nossos desejos e experiências. Isso não muda Deus ou sua verdade absoluta. A verdade de Deus é universal e imutável. Ela "não muda como as sombras que se movem" (Tg 1:17 [NVI]).

Lidamos com duas formas de realidade. Existe a realidade independente de nós (criada por Deus), que é eterna e espiritual. Há também a nossa realidade socialmente construída, que chamo aqui de sub-realidade.

A sub-realidade representa nossas experiências vividas e interpretações pessoais do mundo. Representa as crenças e valores que criamos ou seguimos para atender as nossas necessidades. Essa sub-realidade está sujeita às experiências sociais e pode variar de acordo com o contexto. É moldável e transitória. Em nosso mundo limitado, nos sentimos seguros e podemos até negar que exista uma realidade externa e universal. Podemos viver acreditando que o único mundo que existe está dentro de nossa própria sub-realidade. O subjetivismo das teorias pós-modernas limita-se ao conhecimento dessa sub-realidade.

É somente por meio da fé que se pode conhecer a verdadeira realidade e a verdade absoluta. A fé é a convicção do invisível (Hb 11:1 [NVI]). Para aqueles que não têm fé e não acreditam no mundo espiritual e transcendente, o conhecimento dessa outra realidade está fechado: "A pessoa que não tem o Espírito não aceita as coisas que vêm do Espírito de Deus, mas as considera loucura, e não pode entendê-las porque elas são discernidas somente por meio do Espírito (1 Co 2:14 [NVI]).

A minha conclusão a cerca da realidade não fará sentido para alguns. Se a lente que você usa para entender a vida aceita apenas a construção social e rejeita a Deus e o invisível, você não verá a verdade como eu a vejo. No entanto, se optar por adotar uma nova lente, que aceita o reino espiritual, a verdade absoluta será revelada a você. Eu o desafio a fazer isso, se ainda não o fez.

Para conhecer a realidade verdadeira que existe independente de suas escolhas, você precisa dar um "salto de fé", termo atribuído ao filósofo dinamarquês Søren Kierkegaard (1813-1855). Ele argumentou que o compromisso com Deus não se baseia em evidências, mas em crenças. É um ato de autoconvencimento espiritual. Para entender a realidade, você precisa acreditar no invisível.

Neste capítulo, compartilho como entendo que o mundo funciona. Não tenho a pretensão de saber tudo sobre esse tópico, e minha visão pode ser parcial, embora seja totalmente inspirada pelo meu desejo de permanecer fiel a minha fé cristã.

O que compartilho a seguir me ajudou a superar a armadilha das ideias pós-modernistas e a vencer a luta contra a desconstrução. Esse conhecimento levou-me de volta à fé e à crença na verdade absoluta. Como está escrito em Colossenses 2:17 (NVI): "Estas são sombras das coisas que hão de vir; a realidade, porém, está em Cristo." Nossa sub-realidade é apenas uma sombra da realidade de Deus.

A sub-realidade

A experiência que tive com o pós-modernismo me ensinou que existe um mundo socialmente construído, que chamo aqui de sub-realidade. Nesse mundo, podemos moldar a realidade ao nosso redor criando novas "verdades" ou desconstruindo as existentes. A sub-realidade é resultado do livre-arbítrio. Eu mesma desconstruí minha própria realidade. Optei por entender o mundo ao meu redor de acordo com padrões fluidos, negando a existência da verdade absoluta e adotando o relativismo como forma de pensar. Embora tenha sido de curta duração, experimentei a natureza humana alimentando o desejo de governar minha própria vida e até quis aceitar "verdades" baseadas em mentiras. A sub-realidade é um mundo baseado em emoções e sentimentos. Eu vivi na negação do que é real e fiquei limitada ao conhecimento da sub-realidade. Não foi uma experiência libertadora. Foi um fardo que me distanciou da realidade de Deus.

E o que é a sub-realidade?

Deus nos criou para sermos justos, mas também nos deu liberdade de escolha. Embora tenha-nos criados para sermos à imagem de Seu filho Jesus, e tenha uma vontade para a nossa vida, Deus não se impõe sobre nós. Nossas experiências e escolhas constroem a sub-realidade. Depende de nós optar por uma vida que se espelhe à vontade Deus. Em Romanos 8, a Bíblia chama a nossa realidade de "reino da carne". É somente nesse reino que podemos criar a "verdade". Nessa sub-realidade, fazemos escolhas certas e erradas. Quem é o juiz? A verdade absoluta é o juiz, mas ela não se encontra nessa sub-realidade. Em nosso mundo socialmente construído, usamos nossos próprios padrões para justificar ações que podem ser erradas diante de Deus. Nessa sub-realidade, inventamos motivos, desculpas e explicações para comportamentos ou pensamentos. Criamos nossos próprios padrões de vida por meio da natureza humana para justificar ações e escolhas.

No livro *Modernos Degenerados (Degenerate Moderns)* de 1993,[67] Michael Jones fala sobre pensadores conhecidos que criaram suas próprias "verdades" para apoiar seu modo de vida e remover qualquer culpa da consciência. Ele diz que os humanos racionalizam o comportamento para "conformar o desejo à verdade ou a verdade ao desejo". Essa racionalização se rebela contra a verdade e a lei moral universal do certo e do errado. Em *Modernos Degenerados*, Jones detalha histórias de construção social da realidade. Como exemplo, ele descreve supostas motivações de Sigmund Freud (1856-1939), o fundador da psicanálise, para desenvolver sua teoria conhecida como Complexo de Édipo. Freud criou padrões "universais" de leis morais sexuais para absolver seu desejo ilícito pela própria mãe e o ódio pelo pai. Para Freud, era uma verdade universal que todos os meninos entre três e seis anos de idade eram biologicamente projetados para desenvolver um amor inconsciente pela mãe e ver o pai como um rival pelo amor da mãe. Conforme descreve o autor, Freud proclamou o Complexo de Édipo como um desejo universal a fim de justificar e racionalizar sua própria história. Para Jones, as experiências pessoais de Freud foram transformadas em sistemas e teorias que justificavam seu próprio comportamento.

Quer concorde ou não com a interpretação de Jones sobre Freud em *Modernos Degenerados*, essa interação entre nossa experiência de vida e as normas de comportamento está no centro da sub-realidade. É preciso aceitar que temos um "eu" construtivista. Assim podemos entender o mundo e nos defender do condicionamento da mente e do endurecimento do coração.

A realidade

A sub-realidade que criamos está inserida em uma realidade maior e infinita, que tem sua fonte em Deus. Fomos criados à imagem de Deus, porém o pecado nos limita ao conhecimento da sub-realidade. Quando aceitamos Jesus como salvador, nos tornamos a nova criatura que deveríamos ser e passamos a ter acesso à realidade do ponto de vista de Deus: "Portanto, se alguém está em Cristo, é porque já existe uma nova criação: O velho já passou, o novo já chegou! Tudo isso vem de Deus, que nos reconciliou consigo mesmo por meio de Cristo e nos deu o ministério da reconciliação" (2 Co. 5:17-18 [NVI]). Somente em Jesus, sabemos o que significa ser novo. A nova criação entende a diferença entre as duas versões da realidade. A realidade só é acessível a nós quando saímos de nossa sub-realidade por meio da fé. Enquanto a sub-realidade é o reino da carne, a realidade é o reino do Espírito, e só podemos alcançá-la se tivermos o Espírito de Deus: "Vós, porém, não estais no reino da carne, mas no reino do Espírito, se é que o Espírito de Deus habita em vós. E se alguém não tem o Espírito de Cristo, não pertence a Cristo" (Rm 8:9 [NVI]).

Recebemos o Espírito Santo ao aceitarmos Jesus como nosso único e suficiente salvador. O Espírito Santo ajuda a nossa fé para que a verdade de Deus seja continuamente revelada a nós: "Quando vier o Espírito da verdade, ele os guiará a toda a verdade, pois não falará por si mesmo, mas dirá tudo o que tiver ouvido e lhes anunciará o que está por vir" (João 16:14 [NVI]). Sem o Espírito de Deus, não podemos entender o invisível da realidade espiritual. Por meio do Espírito de Deus, conhecemos as coisas de Deus, que são coisas espirituais: "A pessoa que não tem o Espírito não aceita as coisas que vêm do Espírito de Deus, mas as considera loucura, e não pode entendê-las porque elas são discernidas somente por meio do Espírito" (1 Co. 2:14 [NVI]).

Jesus é a verdade da realidade de Deus. Jesus é o caminho para a realidade de Deus. Por meio da fé, acreditamos que Jesus é o nosso salvador e que Deus o ressuscitou dos mortos (Rm 10:9 [NVI]). Precisamos de fé para entrar em contato com a realidade e acreditar naquilo que não vemos (Hb 11:1 [NVI]). Essa é a chave para as lentes que revelam a verdadeira versão do mundo, a qual aceita a verdade absoluta de Deus como padrão, com base no qual devemos julgar as nossas ações. Ela se sobrepõe aos mutáveis padrões humanos para discernir o certo do errado. Não podemos confiar em nossos próprios valores porque a tendência humana é desenvolver teorias emocionais para acomodar o nosso comportamento. Criamos padrões tendenciosos e convenientes que favorecem aquilo que queremos que seja correto.

Ouvi um episódio de *podcast* do pastor Tim Keller (1950-2023),[68] da Igreja Presbiteriana *Redeemer* em Nova Iorque, no qual ele aborda o problema do sofrimento e do mal, um argumento comumente usado contra a fé cristã. O argumento tenta contrariar a existência de Deus como bom e todo poderoso. No entanto, como mostro a seguir, apesar de refutar a natureza do Deus cristão, o argumento parte do pressuposto de que existe uma definição universal do que significa "ser bom." Sabendo que o Deus cristão é tanto todo-poderoso como bom, o argumento contra a fé diz assim: Se Deus permite o sofrimento e o mal no mundo porque não tem como impedi-los, então o Deus cristão pode até ser bom, mas não pode ser todo-poderoso. Um Deus todo-poderoso seria capaz de impedir o sofrimento no mundo. Por outro lado, se Deus permite o sofrimento e o mal no mundo, mas mesmo sendo poderoso para impedi-los, não os impede, então o Deus cristão não pode ser todo-bom mesmo que seja todo-poderoso. Um Deus todo poderoso e bom não permitiria o sofrimento.

Como afirma o pastor Keller, esse argumento reforça a suposição de que para alguém determinar se algo é tão maligno que deva ser interrompido, deve existir um padrão universal com base no qual a humanidade determina o que é certo ou errado, bom ou ruim. Se não houver um padrão "Quem pode dizer o que é maldade?" e "Quem pode dizer qual sofrimento deve ser interrompido?" Sem um padrão universal, as respostas a essas perguntas seriam relativas. Na sociedade, sempre há mais de um lado. Cada lado justifica sua própria crença como sendo a correta. Mas somente a verdade de Deus é o padrão universal que separa o bem do mal, ao qual temos acesso pela fé.

Além de sermos salvos e recebermos a vida eterna, quando aceitamos Jesus como salvador, temos a prova de que nossa fé é real porque escolhemos tomar essa decisão. É mais simples do que muitos imaginam. Se sua fé não fosse verdadeira, você não poderia tomar essa decisão pela fé. Quando você escolhe uma lente ou visão de mundo repleta de Deus, ela o liberta de viver na sub-realidade sob padrões falsos. Quando isso acontece, nossa cegueira para a realidade verdadeira é curada. Em 2 Coríntios

4:4 (NVI), Paulo diz: "O deus deste século cegou o entendimento dos incrédulos para que não vejam a luz do evangelho que mostra a glória de Cristo, que é a imagem de Deus." A fé nos cura da cegueira espiritual, pois Jesus revela a verdade absoluta que nos liberta (João 8:32). Assim, não estamos mais na prisão de uma sub-realidade socialmente construída. Agora é possível ir além de sua ilusão. Ganhamos acesso à dimensão espiritual. Como está escrito em 1 Coríntios 2: 6-11 (NVI):

> No entanto, falamos uma mensagem de sabedoria entre os maduros, mas não a sabedoria desta era ou dos governantes desta era, que estão se tornando inúteis. Não, declaramos a sabedoria de Deus, um mistério oculto e que Deus destinou para nossa glória antes do início dos tempos. Nenhum dos príncipes deste século o compreendeu, pois, se o tivessem compreendido, não teriam crucificado o Senhor da glória. No entanto, como está escrito: "O que olho nenhum viu, ouvido nenhum ouviu e mente humana nenhuma concebeu" - as

coisas que Deus preparou para aqueles que o amam - essas são as coisas que Deus nos revelou por meio de seu Espírito. O Espírito sonda todas as coisas, até mesmo as coisas profundas de Deus. Pois quem conhece os pensamentos de uma pessoa a não ser seu próprio espírito dentro dela? Da mesma forma, ninguém conhece os pensamentos de Deus a não ser o Espírito de Deus.

O padrão universal de Deus não é visível. É somente por meio da fé que podemos ter acesso à verdade absoluta que habita na realidade espiritual de Deus.

Fé em ação

Quando aprendemos as diferenciar a realidade da sub-realidade, vivemos o mundo espiritual por meio da fé. Primeiro, precisamos reconhecer que existem duas realidades: uma realidade transcendente criada por Deus e uma sub-realidade que criamos à medida que vivemos e construímos nossas próprias interpretações do mundo. Existe a realidade segundo Deus e a realidade humana.

Em segundo lugar, precisamos entender que temos uma tendência inata de querer governar a nossa própria vida. Deus nos deu o livre-arbítrio e a responsabilidade pelas nossas escolhas. Muitas vezes, tentamos criar princípios e padrões na sub-realidade para se sobrepor à verdade de Deus. Há previsibilidade no desejo de criar nossa própria realidade por causa da natureza humana pecaminosa. Buscamos viver em um mundo cujos conceitos justificam e aceitam as nossas escolhas, sejam certas ou erradas. A verdade torna-se dependente de nós mesmos.

Em terceiro lugar, é importante entender nossas limitações como "criadores" e reconhecer que qualquer verdade que criamos é condicionada pela sociedade e não é real, a menos que seja também a verdade de Deus. O contexto, as circunstâncias sociais, a experiência e a comunidade exercem influência sobre nós. Vemos o mundo pelas lentes de nossa sub-realidade socialmente construída. A única maneira de saber se nossa vida está de acordo com a realidade de Deus é conhecendo-a.

Obtemos conhecimento da realidade de Deus por meio da fé em Cristo. Ele é a personificação da verdade absoluta e abre os portões do reino espiritual para que possamos acessá-lo, libertando-nos dos limites de um mundo socialmente construído.

Para agir de acordo com a fé, devemos ser reflexivos na vida a fim de avaliar nossos pensamentos e ações diariamente. O objetivo é expor em nós mesmos quaisquer vestígios de ideias infiltradas que questionem a verdade de Deus e a nossa identidade em Cristo. Uso o termo reflexivo aqui por um motivo específico. Uma análise reflexiva não é uma avaliação posterior ou desapegada. Refere-se à autoconsciência por meio de uma análise contínua da vida, das situações e dos eventos à medida que acontecem. Exige atenção constante para mudar e evitar a subversão da fé. A desconstrução é gradual e ocorre sem aviso prévio. Assim é preciso ficar sempre em alerta. Dessa forma praticamos o que é dito em Romanos 12:2 (NVI): "Não se conformem com o padrão deste mundo, mas transformem-se pela renovação de sua mente. Assim, vocês poderão testar e aprovar a vontade de Deus - sua boa, agradável e perfeita vontade."

A Bíblia menciona a importância da conscientização para proteger a fé, que nos mantém em contato com a realidade. Em Marcos 13:33, Jesus diz: "Fiquem atentos! Estejam alertas! Em Lucas 21:36, Jesus também nos adverte: "Estejam sempre atentos". Em 1 Coríntios 16:13, Paulo nos dá um conselho semelhante: "Estejam atentos; permaneçam firmes na fé; sejam corajosos; sejam fortes". Pedro também nos adverte em 1 Pedro 5: 8-9 (NVI):

> Seja autocontrolado e esteja alerta. Seu inimigo, o diabo, anda por aí como um leão que ruge procurando alguém para devorar. Resistam a ele, permanecendo firmes na fé, porque vocês sabem que seus irmãos em todo o mundo estão passando pelo mesmo tipo de sofrimento.

Ao sermos reflexivos dentro da sub-realidade da existência, estamos menos suscetíveis à desconstrução. Quando nos lembramos de que existe uma realidade universal que nos é acessível por meio do Espírito de Deus, nossos olhos não estão mais voltados para as normas criadas pelas experiências sociais. Estão voltados para a realidade que nos é revelada pela fé. Com esse conhecimento, devemos "buscar as coisas que são de cima" (Col 3:1 [NVI]).

Nossa meta é seguir um sistema contínuo de pesos e contrapesos, colocando a mente "nas coisas do alto e não nas coisas terrenas" para nunca mais voltar à vida sob influência do mundo socialmente construído. A prova de que somos guiados por Deus é quando os frutos do Espírito são evidentes em nossa vida: amor, alegria, paz, tolerância, benignidade, bondade, fidelidade, mansidão e autocontrole (Gl 5:22 [NVI]). Quando aceitamos a Jesus como a verdade, temos uma nova maneira de ver o mundo. No entanto, isso não significa que de imediato refletimos a identidade de Cristo sem nunca mais errar. Hoje sei que preciso buscar a verdade absoluta na Bíblia e em Jesus de forma contínua. Meu autoaperfeiçoamento é um processo constante.

Por meio da fé, adquirimos uma nova compreensão do mundo e aprendemos que a verdade absoluta é real. No entanto, ainda precisamos lidar com antigos comportamentos e modos de pensar que negam a existência da verdade absoluta. Velhos hábitos armazenados no subconsciente ainda influenciarão o nosso comportamento. Por outro lado, como minha mãe sempre diz, o Espírito Santo nos alerta. É a luz interior que fica "vermelha" e diz "pare!" quando não estamos vivendo de acordo com a verdade absoluta. O Espírito de Deus que recebemos em Cristo nos alerta quando não estamos em sintonia com a realidade. Sentimos uma sensação de desconforto que talvez conheça bem.

Quando o coração não é mais endurecido, conseguimos nos reajustar pois não estamos mais aprisionados à falsa sub-realidade. Não devemos ter vergonha de admitir que às vezes temos uma visão errada do mundo. Nossa percepção da realidade é limitada e não conhecemos o futuro. Mas o Espírito de Deus nos guia:

O Espírito nos ajuda em nossa fraqueza. Não sabemos o que devemos pedir, mas o próprio Espírito intercede por nós por meio de gemidos sem palavras. E aquele que sonda os nossos corações conhece a mente do Espírito, porque o Espírito intercede pelo povo de Deus de acordo com a vontade de Deus (Rm 8:26 [NVI]).

Quando construímos o mundo de acordo com regras terrenas, sofremos as consequências das escolhas erradas. Isso nos leva a depender de Deus, que pelo seu Espírito, nos ensina o discernimento (Fp 1:9-10 [NVI]). Para isso, Deus precisa fazer parte da nossa visão de mundo. E é por meio da Palavra que obtemos a fé que nos revela a verdade absoluta: "Consequentemente, a fé vem por se ouvir a mensagem, e a mensagem é ouvida mediante a palavra de Cristo" (Rm 10:17 [NVI]). Trata-se de conhecer a verdade por meio da Palavra e praticá-la. É praticando-a de forma reflexiva que reforçamos nossa identidade em Cristo:

Não se limitem a ouvir a Palavra e, assim, enganem a si mesmos. Façam o que ela diz. Quem ouve a Palavra, mas não faz o que ela diz, é como alguém que olha para o seu rosto em um espelho e, depois de olhar para si mesmo, vai embora e imediatamente se esquece de sua aparência (Tg 1:22-24 [NVI]).

Ao praticá-la, a verdade se torna um hábito gravado no subconsciente, dando-nos um novo coração. Como está escrito em Jeremias 24:7 (NVI): " Eu lhes darei um coração capaz de conhecer-me e de saber que eu sou o Senhor. Serão o meu povo, e eu serei o seu Deus, pois eles se voltarão para mim de todo o coração".

Não perca a oportunidade de conhecer a verdade de Deus. O mundo tem aparência de verdade, mas há uma realidade muito maior do que podemos imaginar. Eu não a conheço por inteiro, mas sei que viver sem buscá-la pode nos levar à completa ausência da verdade. Lembre-se que ou você vive sob a realidade de Deus ou vive sob o controle das circunstâncias sociais. Só existem dois reinos: o reino de Deus e o reino contra Deus. Escolha o lado certo.

CAPÍTULO 21

Considerações finais

O povo que caminhava em trevas viu uma grande luz; sobre os que vivem na terra da sombra da morte raiou uma luz.

Isaías 9:2 (NVI)

O condicionamento é real. Somos todos condicionados. Nem sempre vemos a verdade, somente as versões que a sociedade nos revela. Se você é um dos poucos que percebe isso, tem uma escolha a fazer. Ou você aceita que existe uma verdade absoluta e busca encontrá-la ou aceita viver sob a influência da sociedade. Mesmo que não tome uma decisão consciente, suas ações e pensamentos decidirão por você.

Sentimentos de angústia, dúvidas sobre a identidade ou a sensação de vagar pelo mundo sem causa são indicativos de que o condicionamento social não é suficiente na sua vida. Você reconhece que existe algo a mais. Basta tomar um passo para conhecer a verdade. Sendo assim, peça sabedoria para reconhecer a luz de Cristo e fazer a escolha certa: "Mas o Ajudador, o Espírito Santo, a quem o Pai enviará em meu nome, esse vos ensinará todas as coisas e vos fará lembrar de tudo o que vos tenho dito" (João 14:26 [NVI]).

Saiba, no entanto, que o seu ponto de partida precisa ser a fé em Deus e na sua verdade. A frase seguinte, atribuída ao ateísta Bertrand Russell, resume bem: "ao menos que se parta do princípio de que há um Deus, a questão sobre o propósito da vida não tem sentido." Um ateísta jamais conseguirá entender a verdade absoluta e a realidade fora de si. Mesmo assim, reconhece que é preciso a crença em Deus para se encontrar o sentido da vida.

Quando construímos nossas próprias "verdades", nos tornamos justificadores. Buscamos dar razão as nossas vontades. A consciência fica adormecida, o coração rígido, e as escolhas enviesadas. No mundo socialmente construído até mesmo as ações mais repugnantes podem ser consideradas "moralmente corretas". Como a Bíblia diz em Romanos 1: 28-32 (NVI), veja o que o coração justificador é capaz de tolerar:

> Eles se encheram de todo tipo de maldade, ganância e depravação. Estão cheios de inveja, homicídio, contenda, engano e malícia. São fofoqueiros, caluniadores, odiadores de Deus, insolentes, arrogantes e presunçosos; inventam maneiras de fazer o mal; desobedecem a seus pais; não têm entendimento, fidelidade, amor nem misericórdia. Embora conheçam o justo decreto de Deus de que aqueles que fazem tais coisas merecem a morte, eles não apenas continuam a fazer essas mesmas coisas, mas também aprovam aqueles que as praticam.

Minha busca pessoal é constante. Mesmo reconhecendo a cegueira social para a verdade absoluta, sou vítima do condicionamento social. Portanto, ando sempre na busca dos padrões universais para orientar meus pensamentos e comportamento. Como diz a Palavra, conheço apenas em parte, mas um dia conhecerei por completo: "Porque agora vemos apenas um reflexo, como em um espelho; então veremos face a face. Agora conheço em parte; então conhecerei plenamente, assim como sou plenamente conhecido" (1 Co 13:12 [NVI]). Eu vivo na sub-realidade. A diferença agora é que tenho consciência de que a verdade absoluta existe. Eu escolho acreditar. Prefiro viver tendo vislumbres da realidade de Deus, do que não a conhecer de forma alguma.

***

Ao ler sobre a origem do universo, aprendi sobre o conceito de entropia. Na entropia, há o aumento gradual da desordem e da confusão. Por exemplo, o ovo se quebra, o gelo derrete, um quarto limpo se desorganiza, a mente tranquila se torna naturalmente instável. Em resumo, todos os eventos no universo se movem naturalmente em direção à desordem. Lembre-se, quanto mais procurar respostas, mais confuso ficará. Como está escrito em

Eclesiastes 12: 11-14 (NVI): "A produção de muitos livros não tem fim, e muito estudo cansa o corpo. Agora tudo foi ouvido; aqui está a conclusão do assunto:

> Temam a Deus e guardem seus mandamentos, pois esse é o dever de toda a humanidade. Pois Deus levará a julgamento todas as ações, inclusive todas as coisas ocultas, sejam elas boas ou más".

> E, então, no que você escolhe acreditar?

Oração pela Vida Eterna e pelo Conhecimento da Verdade Absoluta

Se estiver cansado e se sentir perdido, aceite Jesus para ter uma experiência com a verdade absoluta. O Espírito de Deus abrirá os seus olhos para a realidade, e você receberá a vida eterna. Assim diz em Romanos 10:9-10 (NVI):

> Se você declarar com a sua boca: "Jesus é o Senhor", e crer em seu coração que Deus o ressuscitou dentre os mortos, você será salvo. Pois é com o coração que você crê e é justificado, e é com a boca que você professa a sua fé e é salvo.

Faça a simples oração a seguir e mude a sua vida:

> *"Deus, livra-me de viver na escuridão. Ajuda-me a enxergar a realidade que tu criaste e a rejeitar o engano desse mundo. Acredito que Jesus Cristo é seu filho. Creio que Jesus é a tua Verdade.*

Acredito que Jesus morreu na cruz por meus pecados e ressuscitou dos mortos para a vida eterna. Confesso que sou um pecador e peço seu perdão. Por favor, entre em meu coração. Eu o aceito, Jesus, como meu salvador pessoal. Traz luz a minha vida. Revela-me a Verdade. Amém."

Anotações

1 Joshua Burkhart, "Postmodernism & Critical Theory; the Good, the Bad, the Traumatic" [Pós-modernismo e teoria crítica; o bom, o ruim, o traumático]. *Medium* (blog), 8 de janeiro de 2019, https://joshuaburkhart.medium.com/postmodernism-jordan-peterson-critical-theory-4759dbcd3729
2 Helen Pluckrose e James A. Lindsay, *Cynical Theories: How Activist Scholarship Made Everything About Race, Gender, and Identity - and Why This Harms Everybody* (Durham, NC: Pitchstone Publishing, 2020).
3 Pete Hegseth, Battle for the American Mind: Uprooting a Century of Miseducation (Nova York: Broadside Books, 2022).
4 Heather Mac Donald, *The Diversity Delusion: How Race and Gender Pandering Corrupt the University and Undermine our Culture* (Nova York: St. Martin's Press, 2018).
5 Greg Lukianoff e Jonathan Haidt, *The Coddling of the American Mind: How Good Intentions and Bad Ideas ae Setting up a Generation for Failure* (Nova York: Penguin, 2019).
6 Douglas Groothuis, *Truth Decay: Defending Christianity Against the Challenges of Postmodernism* (Downers Grove, IL: InterVarsity Press, 2000).
7 David Dwyer Corey. *The Greek sophists: teachers of virtue* (Dissertação de doutorado, Louisiana State University e Agricultural and Mechanical College, 2002).
8 Edward Schiappa. *Protagoras and logos: a study in Greek philosophy and rhetoric [Protágoras e logos: um estudo da filosofia e da retórica gregas]*. Columbia: Univ of South Carolina Press, 2013).

---

9 Harvey Yunis. "Plato's Rhetoric in Theory and Practice" [*A retórica de Platão na teoria e na prática*], em *The Oxford Handbook of Rhetorical Studies [Manual Oxford de Estudos Retóricos]*, ed. Michael J. MacDonald (Oxford Press, 2017), pp. 121-132. Michael J. MacDonald (Oxford University Press, 2017), 121-132.

10 Jean-François Lyotard, *The Postmodern Condition: A Report on* Knowledge (Manchester, Inglaterra: Manchester University Press. 1984).

11 Peter Berger e Thomas Luckmann, *The Social Construction of Reality: A Treatise in the Sociology of Knowledge* (Nova York: Anchor Books, 1966).

12 Zygmunt Bauman, *Liquid Modernity* (Oxford, Inglaterra: Polity Press, 2000).

13 Anthony Giddens, *The Constitution of Society* (Los Angeles e Berkley: University of California Press, 1984).

14 Lincoln Williams e Vishanthie Sewpaul, "Modernism, Postmodernism and Global Standards Setting" (Modernismo, pós-modernismo e definição de padrões globais). *Social Work Education* 23, no. 5 (2004): 555-565.

15 Ashton Jaxkson, "10 common phrases that make you sound passive-aggressive in the workplace," CNBC, August, 19, 2022, https://www.cnbc.com/2022/08/19/these-phrases-make-you-sound-passive-aggressive-in-the-workplace.html

16 Christian Smith, Kari Marie Christoffersen, Hilary Davidson e Patricia Snell Herzog, *Lost in Transition: The Dark Side of Emerging Adulthood* (Nova York: Oxford University Press, 2011).

17 Christian Smith, "Lost in Transition" (Perdido na transição), entrevista com Katelyn Beaty. *Christianity Today,* 9 de outubro de 2009, https://www.christianitytoday.com/ct/2009/october/21.34.html

18 Pete Hegseth, Battle for the American Mind: Uprooting a Century of Miseducation (Nova York: Broadside Books, 2022), 109.

---

19 Charlotte Thomson Iserbyt, *The Deliberate Dumbing Down of America:* A Chronological Paper Trail (*Research Company Publishers,* 1999).
20 TV Junkie, "Charlotte Iserbyt: The Deliberate Dumbing Down of the World", vídeo do YouTube, 13 de maio de 2018, my translation, 44:47 a 45:36, https://www.youtube.com/watch?v=7E_bxi2aYQo
21 Charlotte Thomson Iserbyt, *The Deliberate Dumbing Down of America:* A Chronological Paper Trail (*Research Company Publishers,* 1999).
22 C.S. Lewis, *Mere Christianity* (Nova York: Macmillan, 1960).
23 James March e Johan Olsen. "The Logic of Appropriateness", *The Oxford Handbook of Public Policy*, eds. M. Moran, M. Rein & R. E. Goodin (Oxford, Inglaterra: Oxford Handbooks Online, 2006), 689-708.
24 Mark Granovetter, "Economic action and social structure: The problem of embeddedness", *American Journal of Sociology 91*, no. 3 (1985), 481-510.
Mark Granovetter, "The old and the new economic sociology: A history and an agenda", em *Beyond the Marketplace: Rethinking Economy and Society*, eds. R. Friedland & A. F. Robertson (Nova York: Aldine Transaction, 1990) , 89-112.
Mark Granovetter, "Economic Institutions as Social Constructions: A Framework for Analysis". *Acta Sociologica,* 35, no. 1 (1992), 3-11.
Geoffrey Hodgson, "The Approach of Institutional Economics" (A abordagem da economia institucional). *Journal of Economic Literature*, 36, no. 1 (1998), 166-192.
Phillip Selznick, "Institutionalism 'old' and 'new'", *Administrative Science Quarterly*, 41, no. 2 (1996), 270-277.
Arthur Stinchcombe, "On the virtues of the old institutionalism", *Annual Review of Sociology,* 23, no. 1 (1997), 1-18.
25 Patsy Healey, "Creativity and urban governance", *Policy Studies, 25, no. 2 (2004): 87-102.*
26 Patsy Healey, "The communicative turn in planning theory and its implications for spatial strategy formation",

Environment and Planning B: Planning and design 23, no. 2 (1996): 217-234.
[27] Fahyre A. A. Loiola, "A formulação de projetos de Parcerias Público-Privadas para o desenvolvimento de infraestrutura no Brasil: An institutional analysis of the Municipality of Fortaleza," (tese de doutorado, Universidade de Sheffield, 2014), 100-111. https://etheses.whiterose.ac.uk/5255/
[28] Fahyre A. A. Loiola, "The formulation of Public-Private Partnership", 135.
[29] William Isaac Thomas e Dorothy Thomas, *The child in America* (Nova York: A. A. Knop, 1928).
[30] Christina Hendricks, "Trust and Suspicion in Critical Thinking as Transcendence", *Philosophy of Education Archive* (2006): 295-302.
[31] Richard W. Paul, *Critical thinking: What Every Person Needs to Survive in A Rapidly Changing World.* (Rohnert Park, CA: Center for Critical Thinking and Moral Critique, Sonoma State University, 1990).
[32] Paul, *Pensamento crítico,* 47
[33] Paul, *Critical thinking,* 318.
[34] Paul, *Pensamento crítico,* 312
[35] Richard W. Paul. *Critical Thinking Handbook (Manual de Pensamento Crítico): 4th-6th Grades: A Guide for Remodeling Lesson Plans in Language Arts, Social Studies, and Science* (Rohnert Park, CA: Center for Critical Thinking and Moral Critique, Sonoma State University, 1990), 77.
[36] Paul, *Critical Thinking Handbook, 84.*
[37] Charlotte Iserbyt, *The Deliberate Dumbing Down of America.*
[38] Theodore Shapiro e Richard Perry. "Latency revisited: The age 7 plus or minus 1", *The psychoanalytic study of the child* 31, no. 1 (1976): 79-105.
[39] Stephen Hicks, *Explaining postmodernism. Skepticism and socialism from Rousseau to Foucault* (Tempe, AZ: Scholargy, 2004).
[40] Hicks, *Explaining postmodernism (Explicando o pós-modernismo),* 63.
[41] Hicks, *Explaining postmodernism,* 65.

[42] Nolen Gertz, *Nihilism* (Cambridge, MA: MIT Press, 2019).

[43] Herman Hesse, *O Lobo da Estepe* (Nova York: Picador, 2002), 111.

[44] Hesse, *O Lobo da Estepe*, 27.

[45] Hesse, *O Lobo da Estepe*, 111.

[46] Hesse, *O Lobo da Estepe*, 153.

[47] Hesse, *O Lobo da Estepe*, 164.

[48] Hesse, *O Lobo da Estepe*, 154.

[49] William A. Dembski, *Intelligent Design: The Bridge Between Science Theology* (Downers Grove, Illinois: InterVarsity Press, 2002).

[50] Dembski, *Intelligent Design*, 44.

[51] Dembski, *Intelligent Design*, 187.

[52] Stephen C Meyer, *Signature in the Cell: DNA and the Evidence for Intelligent Design* (Nova York: Zondervan, 2009).

[53] Meyer, *Signature in the Cell (Assinatura na célula)*, 150

[54] Dembski, *Intelligent Design, p. 212.*

[55] Dembski, *Intelligent Design, p. 213.*

[56] Brian Greene, *The Fabric of The Cosmos: Space, Time, and The Texture of Reality* (Nova York: Alfred A. Knopf, 2004), p. 139.

[57] Greene, *The Fabric of The Cosmos, 139-140.*

[58] Gwoeii/Shutterstock.com

[59] Lewis, *Mere Christianity*, 13.

[60] Robert Lawrence Kuhn, "The Illusion of Time: What's Real?" (A ilusão do tempo: o que é real?) Space.com, 26 de agosto de 2022, https://www.space.com/29859-the-illusion-of-time.html

[61] Paul Davies, *"Times Passage is Probably an Illusion" (A passagem do tempo é provavelmente uma ilusão), Scientific American,* 14 de outubro. 2014, https://www.scientificamerican.com/article/time-s-passage-is-probably-an-illusion/

[62] Joseph Murphy, *The Power of Your Subconscious Mind* (Radford, VA: Wilder Publications, 2008).

[63] Daniel Kahneman, *Thinking Fast and Slow* (Nova York: Farrar, Straus and Giroux, 2011).

[64] C.S. Lewis, *The Abolition of Man*, 18.

---

[65] C.S. Lewis, *Mere Christianity*, 100.

[66] C.S. Lewis, *The Last Battle* (Nova York: Macmillan, 1956).

[67] E. Michael Jones, *Degenerate Moderns: Modernity as Rationalized Sexual Misbehavior* (São Francisco: Ignatius Pr., 1993), p. 16.

[68] Timothy, Keller, "Suffering: If God is good, why is there so much evil in the world?" [Se Deus é bom, por que há tanto mal no mundo? *Gospel In Life*, 3 de junho de 2020 [Sermão pregado em 1º de outubro de 2006]. Podcast, site, 28:40. https://podcast.gospelinlife.com/e/suffering-if-god-is-good-why-is-there-so-much-evil-in-the-world-1591475764/

Bibliografia

Bauman, Zygmunt. *Liquid Modernity [Modernidade Líquida]*. Oxford, Inglaterra: Polity Press, 2000.

Berger, Peter L. e Thomas Luckmann. 1966. *The Social Construction of Reality [A Construção Social da Realidade]*. Harlow, Inglaterra: Penguin Books, 1966.

Burkhart, Joshua. "Postmodernism & Critical Theory; the Good, the Bad, the Traumatic" [Pós-modernismo e teoria crítica; o bom, o ruim, o traumático]. *Medium* (blog), 8 de janeiro de 2019. https://joshuaburkhart.medium.com/postmoder nism-jordan-peterson-critical-theory-4759dbcd3729

Corey, David, Dwyer. *The Greek sophists: teachers of virtue (Os sofistas gregos: professores de virtude)*. Tese de doutorado, Universidade Estadual da Louisiana e Faculdade de Agricultura e Mecânica, 2002. https://repository.lsu.edu/cgi/viewcontent.cgi ?article=1269&context=gradschool_dissertatio ns

Davies, Paul. "Times Passage is Probably an Illusion" [A passagem do tempo é provavelmente uma ilusão], *Scientific American,* 14 de outubro. 2014. https://www.scientificamerican.com/article/time-s-passage-is-probably-an-illusion/

Dembski, William A. *Intelligent Design: The Bridge Between Science Theology [O Caminho entre a Ciência e a Teologia].* Downers Grove, IL: InterVarsity Press, 2002.

Gertz, Nolen. *Nihilism.* Cambridge, MA: MIT Press, 2019.

Giddens, Anthony. *The Constitution of* Society *[A Constituição da* Sociedade]. Los Angeles e Berkley: University of California Press, 1984.

Granovetter, Mark. "Economic Action and Social Structure: The Problem of Embeddedness". *American Journal of Sociology, 91,* no. 3 (1985), 481-510.

Granovetter, Mark. "Economic Institutions as Social Constructions: A Framework for Analysis". *Acta Sociologica,* 35, no. 1 (1992), 3-11.

Granovetter, Mark. "The Old and the New Economic Sociology: A History and an Agenda". Em *Beyond the Marketplace: Rethinking Economy and Society,* editado por

R. Friedland e A. F. Robertson, 89-112. Nova York: Aldine Transaction, 1990.

Greene, Brian. *The Fabric of The Cosmos: Space, Time, and the Texture of Reality (Espaço, Tempo e a Textura da Realidade).* Nova York: Alfred A. Knopf, 2004.

Groothuis Douglas. *Truth Decay [Decadência da Verdade]: Defending Christianity Against the Challenges of Postmodernism [Defendendo o cristianismo contra os desafios do pós-modernismo].* Downers Grove, IL: InterVarsity Press, 2000.

Haidt, Jonathan e Greg Lukianoff. *The Coddling of the American Mind [O mimo da mente americana].* Harlow, Inglaterra: Penguin Book, 2019
Healey, Patsy. "Creativity and urban governance" (Criatividade c governança urbana). *Policy* Studies, 25, no. 2 (2004): 87-102.

Healey, Patsy. "The communicative turn in planning theory and its implications for spatial strategy formation." *Environment and Planning B: Planning and design* 23, no. 2 (1996): 217-234.

Hegseth, Pete. Battle for the American Mind [Batalha pela Mente Americana]: Uprooting a Century of Miseducation [A Batalha pela Mente Americana: Eliminando um Século de

Má Educação]. Nova York: Broadside Books, 2022.

Hendricks, Christina. "Trust and Suspicion in Critical Thinking as Transcendence" [Confiança e suspeita no pensamento crítico como transcendência]. *Arquivo de Filosofia da Educação* (2006): 295-302.

Hesse, Herman. *O Lobo da Estepe*. Nova York: Picador, 2002.

Hicks, Stephen. *Explaining postmodernism. Skepticism and socialism from Rousseau to Foucault [Ceticismo e socialismo de Rousseau a Foucault]*. Tempe, AZ: Scholargy, 2004.

Hodgson, Geoffrey. "The Approach of Institutional Economics" [A abordagem da economia institucional]. *Journal of Economic Literature*, 36, no. 1 (1998), 166-192.

Iserbyt, Charlotte Thomson. *The Deliberate Dumbing Down of America [O Enfraquecimento Deliberado dos Estados Unidos]: A Chronological Paper Trail*. Research Company Publishers, 1999.

Jaxkson, Ashton. "10 frases comuns que fazem você parecer passivo-agressivo no local de trabalho." CNBC, 19 de agosto de 2022. https://www.cnbc.com/2022/08/19/these-phrases-make-you-sound-passive-aggressive-in-the-workplace.html

Jones, E. Michael. *Degenerate Moderns: Modernity as Rationalized Sexual Misbehavior [A modernidade como mau comportamento sexual racionalizado]*. São Francisco: Ignatius Pr., 1993.

Keller, Timothy. "Suffering (Sofrimento): If God is good, why is there so much evil in the world?" [Se Deus é bom, por que há tanto mal no mundo? *Gospel In Life* (áudio do podcast), 3 de junho de 2020 [Sermão pregado em 1º de outubro de 2006], site, 28:40. https://podcast.gospelinlife.com/e/suffering-if-god-is-good-why-is-there-so-much-evil-in-the-world-1591475764/

Kahneman, Daniel. *Thinking Fast and Slow [Pensando rápido e devagar]*. Nova York: Farrar, Straus and Giroux, 2011.

Kuhn, Robert Lawrence. "A ilusão do tempo: o que é real?" *Space.com*, 26 de agosto de 2022. https://www.space.com/29859-the-illusion-of-time.html

Lewis. C.S. *Mere Christianity [Cristianismo puro e simples]*. Nova York: Macmillan, 1960.

Lewis. C.S. *The Abolition of Man [A Abolição do Homem]*. United States: HarperCollins, 2009.

Lewis. C.S. *The Last Battle [A Última Batalha]*. Nova York: Macmillan, 1956.

Loiola, Fahyre A. A. "*The formulation of Public-Private Partnership projects for infrastructure development in Brazil: Uma análise institucional do Município de Fortaleza*". Tese de doutorado, Universidade de Sheffield, 2014. https://etheses.whiterose.ac.uk/5255/

Lukianoff, Greg e Jonathan Haidt. *The Coddling of the American Mind: How Good Intentions and Bad Ideas are Setting up a Generation for Failure [O mimo da mente americana: como boas intenções e más ideias estão preparando uma geração para o fracasso]*. New York: Penguin, 2019.

Lyotard, Jean-Francois. *The Postmodern Condition: A Report on Knowledge.* Manchester, Inglaterra: Manchester University Press, 1984.

Mac Donald, Heather. *The Diversity Delusion: How Race and Gender Pandering Corrupt the University and Undermine our Culture [O Delírio da Diversidade: Como a Pandemia de Raça e Gênero Corrompe a Universidade e Enfraquece nossa Cultura]*. Nova York: St. Martin's Press, 2018.

March, James e Johan Olsen. "The Logic of Appropriateness" (A lógica da adequação). Em

The Oxford Handbook of Public Policy, editado por M. Moran, M. Rein e R. E. Goodin, 689-708. Oxford, Inglaterra: Oxford Handbooks Online, 2006.

Meyer, Stephen C. *Signature in the Cell: DNA and the Evidence for Intelligent Design [Assinatura na célula: DNA e a evidência do design inteligente]*. Nova York: Zondervan, 2009.

Murphy, Joseph. *The Power of Your Subconscious Mind [O Poder de Sua Mente Subconsciente]*. Radford, VA: Wilder Publications, 2008.

NASA. "O que é a Sonda de Gravidade B?" 12 de junho de 2020. https://www.nasa.gov/centers/marshall/history/images/the-art-of-gravity-probe-b/what-is-gravity-probe-b.html

Paul, Richard W. *Critical Thinking (Pensamento crítico): What Every Person Needs to Survive in A Rapidly Changing World [O que todas as pessoas precisam para sobreviver em um mundo em rápida mudança]*. Rohnert Park, CA: Center for Critical Thinking and Moral Critique, Sonoma State University, 1990.

Paul, Richard W. *Critical Thinking Handbook (Manual de Pensamento Crítico): 4th-6th Grades: A Guide for Remodeling Lesson Plans in Language Arts, Social Studies, and Science* (Rohnert Park, CA: Center for Critical Thinking and Moral Critique, Sonoma State University, 1990.

Pluckrose, Helen e James A. Lindsay. *Cynical theories: How Activist Scholarship Made Everything About Race, Gender, and Identity - and Why that Harms Everybody [Teorias cínicas: como a academia ativista tornou tudo sobre raça, gênero e identidade - e por que isso prejudica a todos].* Durham, NC: Pitchstone Publishing, 2020.

Schiappa, Edward. *Protagoras and Logos: A Study in Greek Philosophy and Rhetoric [Um Estudo da Filosofia e Retórica Gregas].* Columbia: Univ of South Carolina Press, 2013.

Selznick, Phillip. "Institutionalism 'Old' and 'New'." *Administrative Science Quarterly*, 41, no. 2 (1996), 270-277.

Shapiro, Theodore e Richard Perry. "Latency Revisited: The Age 7 Plus or Minus 1", *The Psychoanalytic Study of the Child* 31, no. 1 (1976): 79-105.

Smith, Christian. "Lost in Transition" [Perdido na transição]. Entrevista com Katelyn Beaty. *Christianity Today*, 9 de outubro de 2009. https://www.christianitytoday.com/ct/2009/o ctober/21.34.html

Smith, Christian, Kari Marie Christoffersen, Hilary Davidson e Patricia Snell Herzog. *Lost in Transition (Perdido na transição): The Dark Side of Emerging Adulthood [Perdido na transição: o lado sombrio da idade adulta emergente]*. Nova York: Oxford University Press, 2011.

Stinchcombe, Arthur. "On the Virtues of the Old Institutionalism" [Sobre as virtudes do antigo institucionalismo]. *Annual Review of Sociology,* 23, no. 1 (1997), 1-18.

Thomas, William Isaac e Dorothy Thomas. *The child in America [A criança nos Estados Unidos]*. Nova York: A. A. Knop, 1928

TV Junkie, "Charlotte Iserbyt: The Deliberate Dumbing Down of the World", vídeo do YouTube, 13 de maio de 2018, 44:47 a 45:36, https://www.youtube.com/watch?v=7F_bxi2a YQo

Williams, Lincoln e Vishanthie Sewpaul. "Modernism, Postmodernism and Global Standards Setting" [Modernismo, pós-modernismo e definição de padrões globais]. *Social Work Education* 23, no. 5 (2004): 555-565. https://doi.org/10.1080/02615470420002522 80

Yunis, Harvey. "Plato's Rhetoric in Theory and Practice" [A retórica de Platão na teoria e na prática]. Em *The Oxford Handbook of Rhetorical Studies*, editado por Michael J. MacDonald, 121-132. Oxford University Press, 2017.